French Skills for You

Colin Asher and David Webb

Hutchinson & Co. (Publishers) Ltd

An imprint of the Hutchinson Publishing Group
17-21 Conway Street, London W1P 6JD

Hutchinson Group (Australia) Pty Ltd
30-32 Cremorne Street, Richmond South, Victoria 3121
PO Box 151, Broadway, New South Wales 2007

Hutchinson Group (NZ) Ltd
32-34 View Road, PO Box 40-086, Glenfield, Auckland 10

Hutchinson Group (SA) (Pty) Ltd
PO Box 337, Bergvlei 2012, South Africa

First published 1984
© Colin Asher and David Webb 1984

Set in Century Schoolbook

Printed and bound in Great Britain by
Anchor Brendon Ltd, Tiptree, Essex

British Library Cataloguing in Publication Data
Asher, Colin
    French skills for you.
    1. French language — Grammar — 1950-
    I. Title   II. Webb, David
    448   PC2112

ISBN 0 09 154261 8
Accompanying cassette 0 09 154560 9

Acknowledgements
The authors gratefully acknowledge the help they have
received from the following in testing and revising
the material:
Colette Bonafos
Martine Karleskind
Jean-Marie Oliva
Dennis Rudd
Catherine Winch

Photographs by Colin Asher except for page 133 (R. H. Webb) and
page 139 (E.D. Webb).

Cover photograph courtesy of Agence Rapho

Designed by SGS Education, 8 New Row, London WC2N 4LH
Typeset by Shanta Thawani, 25 Natal Road, London N11 2HU

Contents

Preface

Reading
1

Hints on reading comprehension | 2
Signs and notices (1) | 3
Signs and notices (2) | 4
Objets trouvés | 8
Histoire d'en rire | 8
Au «Bonhomme de Neige» | 9
Les lots gagnants | 10
Watch out, there's a thief about! | 11
Racket au collège | 12
Signs and notices (3) | 13
Multiple-choice (1) | 16
A day out | 18
Camping at Villandry | 19
La Fête Nationale | 20
Does he love me? | 22
Verser le contenu ... | 23
Multiple-choice (2) | 24
What's on? | 26
Pique-nique interdit? | 28
Horoscope (1) | 29
At a hotel | 30
Hold-up à Metz | 32
Les faits divers | 33
Advertisements | 36
Holiday choices | 38
How to behave towards a blind person with a guide dog | 41
Road safety | 42
Horoscope (2) | 44
Au camping | 46
Motorway delays | 48
Violent orage sur la ville | 49
Au château | 50
Pets in distress | 52
Highway robbery | 54
Au cinéma | 56

Who did it? 58
A visit to a fortune teller 59
La Dame Blanche 60

Listening 62

Hints on listening comprehension 63
News headlines 64
Understanding directions (1) 65
Understanding directions (2) 66
Where to camp (1) 66
Traffic information 67
A holiday remembered 68
Announcements (1) 68
Who is speaking? (1) 69
Where are they? 70
Holiday plans 71
Jean-Marie remembers his schooldays (1) 71
Un bulletin météo 72
Phone messages 73
Booking by phone 74
Explanations! 75
Colette talks with her father about her day at school 75
Philippe talks about his home in Marseille 76
Jean-Marie remembers his schooldays (2) 76
Football results 77
Who is speaking? (2) 78
Where to camp (2) 80
An embarrassing incident 80
French people talk about themselves 81
Find the answer 82
Where to camp (3) 83
Announcements (2) 84
An unpleasant experience 86
A misunderstanding 86
Holiday experiences (1) 87
Holiday experiences (2) 88
Interview with a girl racing driver 89
The bells 90

Speaking 91

Hints on rôle-playing 92
Rôle-playing (1) 93
Rôle-playing (2) 95

Missing! 97
On va au concert? 98
Hints on answering questions 100
Au café 102
Au marché 104
On achète des glaces 105
On bavarde 106
Situations 107
Half a minute ... 108
Finding out 109
Describing a scene 110
Describing a series of pictures 113
Happenings 114
Horaire 116
À Nîmes 118
À l'auberge de jeunesse 120
À l'hôtel 122

Writing 123

Joining a club 124
Market research 125
Fill in the gaps (1) 126
Faites-nous vos remarques 127
Fill in the gaps (2) 128
Êtes-vous bon témoin? 130
Leaving a note 134
Writing a card (1) 135
Writing a card (2) 136
Fill in the gaps (3) 137
Hints on answering questions 138
Answering questions 139
Hints on writing letters 146
Writing letters 149
   informal 1-8 149
   formal 9-11 152
Hints on writing picture essays 155
Picture essays 157
Continuing a story 166
Starting a story 167

Teacher's tapescript 168

Topic index 185

Preface

French Skills for You is designed to provide practice in listening, reading, speaking and writing for fourth and fifth-year pupils who are working towards a CSE or 16+ examination.

The items in each section have been broadly graded according to difficulty and wherever possible, intrinsically interesting material from authentic sources has been used. Those items which fit broadly within a topic have been indexed accordingly at the end of this book. All the listening comprehension exercises have been recorded on an accompanying cassette and a complete teacher's tapescript is included in the book.

in the text indicates a taped item. Each section contains practical hints for pupils on how to tackle the various types of examination questions (e.g. rôle-playing, letter writing).

It is envisaged that individual teachers will use the exercises as seems most appropriate for their own classes: they may, for example, wish to undertake some initial preparation, and any suggestions included by the authors are not meant to imply that there is only one way of exploiting this material.

Reading

Hints on reading comprehension

The text

NOTICE   if the passage has a title: if so, this will often give a good general indication of what is to come.

DO   read the *whole* passage through to get a broad picture of what is going on.

DON'T   read just the first two sentences and start worrying about the meaning of some particular word or phrase. This may well become clear as you read more of the passage – and even if it doesn't, there may not be a question on it anyway!

DON'T   expect to understand every single word, even after several readings. Try and visualize what is going on or being described, and this will help you understand the essentials.

The questions

DO   read the questions carefully; they often provide valuable clues.

DO   answer each question fully, giving *all* relevant details. For example, if you had this newspaper 'lost property' item as a text: *Il a été trouvé, rue St Aubain, un chat noir. Le réclamer au refuge Bois l'Abbesse* and were asked *What has been found?* you would need to say it was a *black* cat to gain full marks.

REMEMBER   that the questions usually follow logically through the text, so that question 1 will very likely be about the opening lines of the passage. Similarly, the answer to question 4 will probably be somewhere between those parts of the text which give the answers to questions 3 and 5.

WHEN IN DOUBT   make a sensible guess. Some French and English words are quite similar, which can be a great help.

Signs and notices (1)

In France, as in England, you often need to understand the meaning of signs – on shops, in towns or on journeys.

a You are at a station with an hour to wait and want to leave your case at the left luggage office. You would look for a sign saying
A SALLE D'ATTENTE
B CONSIGNE
C DÉPARTS
D HORAIRES

b Which of the following means that parking is forbidden?
A DÉFENSE D'AFFICHER
B DÉFENSE D'ENTRER
C PELOUSE INTERDITE
D STATIONNEMENT INTERDIT

c Which of the following indicates a post office?
A P et T
B RATP
C PMU
D HLM

d If you wanted to buy sweets, you would look for a shop called
A CHARCUTERIE
B CONFISERIE
C BOUCHERIE
D PHARMACIE

When driving in France, you might see the following. What do they mean?
e PRIORITÉ À DROITE
f CHAUSSÉE DÉFORMÉE
g VIRAGES SUR 6 km
h CHUTE DE PIERRES

Signs and notices (2)

Here are some more signs and notices you might see in
France. Look at them and answer the questions:

EGLISE SAINTE-JEANNE D'ARC

visites de 10ʰ à 13ʰ et 14ʰ à 18ʰ

SAUF *le vendredi matin*
le dimanche matin

1
a To what sort of building does this notice refer?
b At which (one or more) of the following times could you
visit it?
  A   Monday, 11.30 a.m.
  B   Friday, 10 a.m.
  C   Saturday, 6.30 p.m.
  D   Sunday, 2.30 p.m.

4 kms **ROUEN R.G**

Maison à Rénover

Cuisine	Dépendances
Salle	Garage
3 Chambres	Chauffage Central
Salle d' Eau	Tout Confort
Grenier	

Terrain 250 m²   **270 000 Fcs**

2
a How many bedrooms does the house have?
b What is a *grenier*?
c What does the phrase *Maison à Rénover* tell you about the house?

VILLE du TRÉPORT
PISCINE

HEURES D'OUVERTURE

DE 9$^{H\frac{1}{2}}$ à 12 ^{H}
DE 15^H à 19^H

TARIF

entrée 5^F

enfants 6 à 14 ans 3^F

abonnement quinz. 70^F

enfants 35$_F$

abonnement mensuel 100^F

enfants 50^F

3
a To what sort of place does this notice refer?
b What sort of subscription is an *abonnement quinz.?*
c At which of the following times is it open?
  A 9 a.m.
  B 2.30 p.m.
  C 6.45 p.m.
d What is it that costs 50F?

4
a Do you have to pay to go in?
b What do you think *poussez la porte* means?
c What does *chauffées* mean?
d What happens to the toilets after use?

Objets trouvés

Many local newspapers in France publish a list of *objets trouvés* i.e. lost property that has been found. Read the following announcements, then answer the questions.

1 Une montre-bracelet a été trouvée dans une rue du village. La réclamer en mairie.
a What has been found?
b Where should you go to get it back?

2 Trouvée dans les bois de Vaugiron, une veste en toile bleue avec deux trousseaux de clés. La réclamer à Mme Dufour, place Charles-de-Gaulle.
a What has been found?
b Where?

3 Au Foyer culturel, lors du mariage Maillot-Pinon, un parapluie noir a été trouvé. Le réclamer à la gendarmerie.
a What has been found?
b On what occasion?

Histoire d'en rire

'Madame,' explique le contrôleur du train à la passagère, 'vous avez un billet pour Lyon et vous êtes dans le train qui va à Marseille ... '
'C'est incroyable,' répond la dame. 'Et ça lui arrive souvent à votre conducteur de se tromper de direction?'

a Who is speaking to the lady?
b What is her explanation of the situation?

Au «Bonhomme de Neige»

Read this publicity hand-out for a hotel in a French mountain resort, then look at the ten statements below. Write down T for those which are true, F for those which are false.

À Morzine, M et Mme Hislen vous accueillent au «Bonhomme de Neige», établissement neuf exposé plein sud, près des pistes. Chambres de grand confort, sans pension, avec petit déjeuner, bain, WC privés, téléphone, musique d'ambiance, toutes avec terrasse. Ascenseur. Ouvert en été et en hiver.
Morzine, c'est la neige abondante de décembre à avril, c'est aussi le soleil qui baigne la station toute l'année. De 1 200 à 1 850 m, 26 remontées mécaniques vous conduiront sur 22 pistes pour toutes catégories de skieurs.

a   It is a long-established hotel.
b   It is partially south-facing.
c   It is near the ski runs.
d   You can get full board.
e   A lift is not available in the hotel.
f   The hotel is only open in winter.
g   Plenty of snow for five months of the year.
h   Sunshine all the year round.
i   Coaches are available from the hotel to the ski runs.
j   The ski runs are suitable for skiers of all levels.

Les lots gagnants

After the raffle at the Chamigny village fête, the local
newspaper published the list of the winning numbers
together with the prizes they had won. What were the
prizes?

**Après la fête
de Chamigny**
Les lots gagnants
24   pendule électrique
641 brosse à dents électrique
307 réveil à quartz
146 fer à repasser à vapeur
433 sèche-cheveux électrique
398 tondeuse à gazon
522 poste à transistors
96   aspirateur Moulinex

Retirer les lots chez Mme Lechêne,
10 square Couperin.

Watch out, there's a thief about!

In France, as elsewhere, holiday times are a peak period not
only for traffic but also for burglaries. Newspapers often
carry warnings from the police, similar to the one below.

Quelque 45 000 habitations seront sans doute cambriolées
cet été: les malfaiteurs profitent des vacances des autres pour
se mettre au travail. Ils apprennent d'ailleurs sans difficulté
si l'habitation est inoccupée: téléphone (pas de réponse,
répondeur automatique), boîte aux lettres chargée de courrier, volets toujours fermés ...
   Vous pouvez tromper l'ennemi en prenant quelques
précautions:
   ● Demandez à un parent ou à un voisin d'ouvrir les volets de
temps en temps, d'allumer la lumière ...
   ● Faites relever votre courrier chaque jour par un ami, si vous
n'avez pas chargé la poste de le faire suivre
   ● Évitez de placer la clé dans un endroit connu de tous. Ne
soyez pas «cambriolable». Aidez la police à vous protéger.

a According to the text, there are various ways burglars
   learn that a house is unoccupied. Can you name three
   of them?
b List three things it is suggested you should do to avoid
   being burgled.

Racket au collège

Racket à la sortie de l'école à Chaumont durant l'année scolaire: cinq adolescentes âgées de treize à quinze ans ont rançonné une de leur camarades de classe de quatorze ans.
  À force de violence et de menaces, les jeunes filles se sont fait remettre des bonbons, des cigarettes, mais surtout d'importantes sommes d'argent: 20F à 30F deux fois par mois, deux fois 100F et deux fois 500F.

a How many 'racketeers' were there, and what other details do we know about them?
b What connection did they have with their victim?
c What means did they use to get what they wanted?
d In addition to money, what did they get?
e How often did they get sums of between 20F and 30F?

Signs and notices (3)

1 Look at this notice in a chemist's window in Nîmes,
  then give (in English) an outline of what it says:

A COMPTER du 1er AOUT
les PHARMACIES Nimoises
SERONT FERMÉES 48 H
CONSÉCUTIVES;
    LE SAMEDI et LE Dimanche
toute LA Journée.
UN SERVICE de GARDE SERA
Assuré.

2 Look at this leaflet advertising the *Club de Montélan,* then answer the questions:

Club de Montélan discothèque

Château du Breuil 37800 **Draché**

R. N. 10 - Près SAINTE-MAURE   Tél. 64.02.44

∞ **CLUB PRIVÉ** ∞

DEUX PISTES
DE DANSE

OUVERT (à partir de 22 heures) :

Le SAMEDI avec buffet campagnard gratuit

Les Veilles de Fêtes

Une tenue correcte est exigée blue-jean's et tee-shirt réfusés)

En fonction des places disponibles au club, vous pouvez obtenir une carte (elle est gratuite) qui vous donne droit à certains petits avantages.
(se renseigner à l'entrée).

Imp. BOUTAULT - 37800 SAINTE-MAURE

R. C. 75 A 177 & 75 A 178

a The club is in the Château du Breuil in the small village of Draché. What other indications of its location are given?

b What sort of club is it?

c What do you think a *piste de danse* is?

d At what time does the club open?

e On Saturdays, you are offered a free buffet. When else is this available?

f What does the leaflet tell you about dress?

g What should you do if you want the free card offering various advantages?

Multiple-choice (1)

Choose the word or phrase which best completes the sentence.

a Michel a enlevé son veston parce qu'il avait ...
A faim
B peur
C soif
D chaud

b Le passe-temps préféré d'Élodie, c'est la natation: elle va le plus souvent possible ...
A à la piscine
B au stade
C à la discothèque
D à la campagne

c Jean-Pierre n'aime pas beaucoup travailler, il est plutôt...
A triste
B sage
C paresseux
D sale

d Pour arriver au collège à temps, Véronique est partie...
A demain
B en retard
C sans hâte
D de bonne heure

e Le score était Monaco 3, Lille 2. Lille avait ... moins de buts que Monaco
A marqué
B gagné
C joué
D perdu

f Madeleine a laissé sa valise ...
 A au commissariat
 B à la consigne
 C au guichet
 D à la banque

g Chaque matin, je me peigne ...
 A dans la mer
 B dans la cuisine
 C en ville
 D devant une glace

h Ils sont allés à l'Hôtel de Ville parce qu'ils voulaient ...
 A louer une chambre
 B rencontrer le maire
 C prendre le petit déjeuner
 D acheter un plan de la ville

i Alain va chez le médecin parce qu'il est ...
 A méchant
 B ennuyé
 C malade
 D occupé

j Si vous voulez arriver à l'heure il faut ... les embouteillages
 A éviter
 B chercher
 C écouter
 D payer

A day out

Old people's clubs, often called *clubs du 3ᵉ âge,* are
common in France. Like their English counterparts, they
have a full and varied programme of events, which
include excursions to places of interest. Here is an
account of one such excursion: read it through, then
answer the questions.

Une sortie du club du 3ᵉ âge
Le 28 mai dernier, s'étant réveillés de bonne heure,
quatre-vingts membres du club s'installaient dans deux
cars confortables pour une grande journée à la mer.

Le petit déjeuner pris à sept heures sur la route avec les
croissants encore chauds de la boulangerie Vallier, on
se retrouvait à dix heures à Veules-les-Roses, juste à la
rencontre de la marée montante. Plage de sable, bain
de soleil pour les uns, de mer pour les autres.

Après le déjeuner, départ pour Dieppe et pour les uns
de nouveau la plage, tandis que les autres s'en allaient
se promener sur le port ou sur le marché.

Puis ce fut le retour. Les heures de car parurent
d'ailleurs d'autant plus courtes qu'elles furent bercées
par les cassettes, les histoires, les chansons ... ou le
sommeil.

Oui, pour une belle journée, ce fut une belle journée!

a What do we know about the time the people going on
   the trip got up?
b How many went on the outing?
c How did they travel?
d Where did they have breakfast?
e What was happening to the sea when they got to
   Veules-les-Roses?
f What two things did they do there?
g At Dieppe, apart from the port, which two places are
   we told they went to?
h What were three of the things people did to help pass
   the time on the return journey?

Camping at Villandry

A friend is considering a camping holiday in France and
has been sent this information. As he does not understand
French, write down the main gist of its contents for him.

Villandry - Camping Municipal

- 2 étoiles, bloc sanitaire: douches, eau chaude – eau
  froide
- Vaste terrain de camping situé au bord même de la
  Loire   (plus de 2 hectares)
- Terrain de sports
- Plage: splendide plage de sable fin, jeux divers.

La Fête Nationale

The anniversary of the fall of the Bastille during the Revolution, 14 July, is celebrated as a national holiday in France. This is the programme of events for one small French town, as published in the local newspaper.

Programme de la Fête Nationale

Lundi 13 juillet
15h: distribution de bonbons aux enfants jusqu'à 10 ans par la municipalité
22h: bal gratuit au marché couvert

Mardi 14 juillet
9h: place de l'Hôtel de Ville, réunion des Autorités civiles et militaires, des sociétés patriotiques et sportives
9h30: cérémonie au Monument aux Morts. Dépôt de gerbes
12h: sonnerie des cloches
13h30: sur les Promenades du Boulevard Gambetta près du stade: concours de pétanque
Dès 14h: grande fête champêtre avec de nombreux stands: loterie, buvette et glaces, vente d'enveloppes-surprise, tir à la carabine, pêche à la ligne, balançoires, etc.
16h: un goûter pour les enfants des écoles et les personnes âgées
De 20 à 22h: danse, début de la soirée, Disco, entrée gratuite
Vers 22h: feu d'artifice tiré des rives de la Marne

On 13 July:
a What is being given out at 3 p.m.?
b To whom?
c What happens at 10 p.m.?
d Where does it take place?

On 14 July:
e Where do the people meet at 9 a.m.?
f Where does the ceremony at 9.30 a.m. take place?
g What happens at 12 o'clock?
h What sporting competition takes place at 1.30 p.m.?
i What are *three* of the attractions at the *grande fête champêtre*?
j Who is involved at 4 p.m.?
k How much does it cost to go to the disco?
l What happens about 10 p.m.?
m Where does it take place?

Does he love me?

Read this 'problem' letter from a teenage magazine, then
answer the questions.

Chère Marie-Claire,
Voici mon problème. Je ne sais pas s'il est
amoureux de moi. B est dans le même collège que
moi. Mais voilà, on ne s'est jamais parlé. D'après
un copain il serait très timide et pourtant lorsque
nos regards se croisent, on dirait qu'il veut me dire
quelque chose. Un jour que je montais un escalier,
je l'ai surpris en train de me regarder. Je t'en prie,
réponds-moi très vite car pendant les vacances
de Pâques je vais rencontrer Rémi qui risque de
me demander de sortir avec lui. Que dois-je faire?
Merci d'avance – Je t'embrasse
                                        Florence

a Where do Florence and B see each other?
b How often have they spoken to each other?
c Who gave Florence some information about B?
d What did Florence notice one day when she was going up
   a staircase?
e When is she going to meet Rémi?
f What does she expect Rémi to do?

Verser le contenu . . . .

Read the following cooking instructions from a packet, then
answer the questions.

Verser le contenu du sachet dans une casserole. Ajouter
0.5 litre d'eau. Porter à ébullition et laisser cuire à petit
feu pendant 5 minutes, en remuant de temps en temps.
Ajouter ensuite 0.25 litre de lait et porter à nouveau la
soupe à ébullition. Avant de servir on peut ajouter, si
désiré, une cuillerée à soupe de vin blanc ou un jaune
d'oeuf.

---

a What is the first thing you are told to do?
b What are you told to do while the mixture is simmering?
c You are told to add 0.25 litre of what?
d How much white wine is it suggested you might add
before serving?
e What else is it suggested you might like to add?

Multiple-choice (2)

Choose the word or phrase nearest in meaning to the words
in italics.

a Il est *interdit* de parler au conducteur.
   A inutile
   B défendu
   C impossible
   D dangereux

b Mes parents *reviendront* ce soir, à dix heures.
   A sortiront
   B se coucheront
   C seront de retour
   D arriveront

c Marie-Claire est bien gentille, elle *vient de faire* la
   vaisselle.
   A s'amuse à faire
   B est en train de faire
   C a déjà fait
   D va faire

d *Cela ne vaut pas la peine* d'aller le voir, il est trop occupé.
   A Il est possible
   B Il est difficile
   C Il est permis
   D Il est inutile

e *Il ne restait qu'une place libre* dans le compartiment.
   A Il y avait seulement une place libre.
   B Il n'y avait aucune place libre.
   C Il n'y avait pas beaucoup de places libres.
   D Il y avait plusieurs places libres.

f *Il me semble* que tu dis la vérité.
   A Je suis sûr
   B Je crois
   C J'affirme
   D J'espère

g Jean-Paul a fait une chute de vélo et *s'est blessé*.
   A est tombé
   B s'en est allé
   C est remonté
   D s'est fait mal

h Le camion a heurté une voiture *en stationnement*.
   A à la gare
   B immobile
   C en panne
   D dans la rue

i Beaucoup de personnes *faisaient la queue* devant le stade.
   A attendaient
   B criaient
   C arrivaient
   D chantaient

j '*J'en ai assez de* tes plaisanteries' a dit le père de Danielle.
   A Je suis content de
   B Je n'aime pas
   C Je ne comprends pas
   D Je préfère

Reading

What's on?

Here are the evening programmes for one of the French television channels. Read them through, then answer the questions.

TF1 JEUDI 9 JUILLET

19h10 UNE MINUTE POUR LES FEMMES
Les parents qui donnent trop de médicaments à leurs enfants

19h15 MÉTÉO

19h20 ACTUALITÉS RÉGIONALES

19h45 CYCLISME: TOUR DE FRANCE
Résumé de l'étape du jour

20h00 ACTUALITÉS

20h30 QUAI DES BRUMES
Film de Marcel Carné (1938)
Le premier quart d'heure: Par une nuit froide et humide un camion roule en direction du Havre. Le chauffeur aperçoit un soldat de l'infanterie coloniale qui lui fait signe. Le chauffeur accepte de le conduire au Havre. Le soldat ne semble pas bavard.
Avec: Michèle Morgan, Jean Gabin, Pierre Brasseur.

22h00 L'ÉVÉNEMENT
En raison du caractère d'actualité de ce magazine, il nous est impossible, à l'heure où nous imprimons ce journal, de communiquer le ou les thèmes proposés.

23h00 ACTUALITÉS

23h20 Fin des émissions

a Programmes for which day of the week are given here?
b What is the subject of the programme *Une minute pour les femmes*?
c At what time does the programme on the Tour de France begin?
  A neuf heures moins le quart
  B huit heures et quart
  C neuf heures et quart
  D sept heures moins le quart
d What are we told about the contents of the programme on the Tour de France?
e What would be the English title for the programme which starts at 8 p.m.?
f When was the film *Quai des Brumes* made?
  A dix-neuf cent quarante-neuf
  B dix-neuf cent trente-six
  C dix-neuf cent trente-huit
  D dix-neuf cent vingt-huit
g Write down *three* things we are told about the beginning of the plot of *Quai des Brumes*.
h Why was it impossible to print details of *L'Événement* (22h00)?
i At what time is there a weather forecast?

Pique-nique interdit?

You are visiting the town of Arles in southern France, and are resting in a public garden. Some English tourists arrive, wanting to have a picnic there. They see the notice on the photo and wonder whether it's allowed. You volunteer to take them through the list of regulations:

a What are you told you can't do in line 1?
b ... and in line 2?
c What does line 3 tell you?
d Where are you told you can't go in lines 4 and 5?
e What are you told to do in lines 6 and 7?
f So, are they allowed to picnic there?

Horoscope (1)

What does this horoscope say about

a decisions
b work
c health

Write down *one* other piece of advice contained in it.

Ne prenez pas de décisions importantes sans bien peser le pour et le contre. Confiez-vous à un ami sûr: il pourra vous donner d'excellents conseils. Sortez plus souvent, mais prenez garde à ne pas négliger le travail. Persévérez, vous traversez une période promise à la réussite. Santé: mangez plus lentement.

At a hotel

As in this country, French hotels are obliged by law to display certain information in each room. This notice is an example of what you might see.

F. N. I. H.

Syndicat Départemental de l'Industrie
Hôtelière de Saône-et-Loire

Chambre de Commerce - B.P. 531
71010 - Mâcon Cedex

Homologation : 2** ~~PRIX MAXIMUM~~

Chambre n° : 305

Prix par jour pour 1/ 2 personnes
(Lit supplémentaire : 30 %)

Taxes et service compris : 100 F

Petit Déjeuner........ 14 F

ANIMAUX 16 F

MM. les Clients sont avisés :

● Que les chambres encore occupées après 12 h sont facturées pour une nouvelle journée.
● Qu'à partir de 20 h, les chambres retenues qui n'auraient pas été occupées et pour lesquelles des arrhes n'auraient pas été versées, pourront être mises à la disposition d'autres clients par l'Hôtelier.
● Que toutes les locations sont faites à la journée et que les notes d'hôtel sont exigibles au moins une fois par semaine dès présentation.
● Qu'il est interdit de préparer des aliments ou boissons dans les appartements et d'y faire la lessive.
● Que les clefs doivent être remises à la caisse avant le départ et pendant toute absence de l'hôtel.
● La Direction décline toute responsabilité pour les objets déposés dans les couloirs et pour les valeurs-espèces et objets précieux qui ne lui auraient pas été remis.

SUD-IMPRIMERIE - MACON

F. N. I. H.

Syndicat Départemental de l'Industrie
Hôtelière de Saône-et-Loire

1, Impasse Lacretelle - 71000-MACON

CONDUITE A TENIR EN CAS D'INCENDIE

1. En cas d'incendie dans votre Chambre, gardez votre sang-froid, ne criez pas "au feu!".
Si vous ne pouvez maîtriser le feu, quittez votre chambre en ayant bien soin d'en refermer la porte.
Prévenez le personnel ou la Direction

2. En cas d'audition du signal d'alarme donnant l'ordre d'évacuation de l'hôtel : quittez votre chambre dans les plus brefs délais, refermez votre porte et gagnez la sortie sans affolement en empruntant les voies conduisant aux indications " SORTIES " ou " SECOURS ".

SUD-IMPRIMERIE - MACON

Look at the information in the left-hand section.

a How much more would it cost if you wanted an extra bed in your room?
b … and if you brought your dog with you?
c Why is 12 noon a crucial time?
d What may happen after 8 p.m.?
e What is one of the things you are not allowed to do in your room?
f What is said about keys?
g What is one thing for which the management 'declines all responsibility'?

Look at the information in the right-hand section.

h With what sort of situation is it designed to deal?
i In section 1, what are three of the things you are told to do?
j What are you told not to do?
k In section 2, what three things are you told to do?

Hold-up à Metz

Trois heures tout juste, hier, à la Caisse d'Épargne. Quelques clients, hommes et femmes, attendent sagement. Soudain, deux jeunes gens âgés d'une vingtaine d'années armés d'un pistolet et d'un automatique font irruption à visage découvert dans la salle tranquille. 'Que personne ne bouge' commande l'un d'eux, pendant que l'autre, les yeux cachés derrière des lunettes de soleil, braque un pistolet sur M Gerard Monnier, le directeur de l'agence.

'J'ai alors fait signe à la caissière de leur remettre l'argent' a dit ce dernier, une heure après les faits.

Le temps de fourrer 75 000F dans un sac publicitaire en plastique et les deux voleurs ont tranquillement pris la fuite à pied en direction de la gare routière. Selon un des clients de l'agence, la scène n'aurait duré qu'à peine deux minutes.

Hier soir, en dépit de nombreuses patrouilles et recherches dans la ville, ils n'avaient pas été retrouvés.

a When did the hold-up take place?
b About how old were the robbers?
c What instruction did one of the robbers give the people in the Savings Bank?
d What precautions had one of the robbers taken so as not to be recognized?
e What did the manager do?
f What did the robbers put the money in?
g How did they make their getaway?
h Which way did they go?
i According to a customer, how long did the hold-up last?
j What was done to try and catch the robbers?

Les faits divers

Accident: 3 blessés
Le 16 juin à 19h30, M Hervé Levasseur, 22 ans, étudiant, qui conduisait sa voiture sur la RN 3, en a soudain perdu le contrôle. La voiture a heurté un arbre, puis s'est retournée sur la route. Les trois passagères ont été blessées et hospitalisées.

Accident avenue Maréchal Foch
Jeudi 17, à 0h45, une collision s'est produite entre une camionnette que conduisait M Bernard Collinet, 39 ans, charcutier, et un cyclomoteur conduit par Mlle Sabine Menard, 18 ans, infirmière. Mlle Menard a été légèrement blessée à la jambe.

Accident au carrefour de l'Octroi
Le 13 juin dernier, il était 7h du matin lorsque deux pneus d'un camion conduit par M Daniel Rabourdin, chauffeur routier, éclataient ensemble.
Les vitres de plusieurs fenêtres à proximité ont volé en éclats sous l'effet de la déflagration, et une Renault 5, passant à proximité, a été fortement endommagée. Le pare-brise a éclaté et les portières ont été tordues.

Les vols à la roulotte
● On a volé deux roues complètes et la roue de secours sur la voiture de Mme Joëlle Plailly, garée sur la place du Marché.
● Des individus, après avoir cassé les serrures, se sont emparés d'une montre et d'un blouson de cuir dans la voiture de M Pierre Girand, en stationnement près de chez lui entre le 13 et le 14 juin.
● M Marcel Dubois a été dépossédé d'un appareil photo et de matériel de pêche dans sa voiture, garée en forêt de Montceaux.

Sac à main arraché
Mme Sabouret a été dépossédée de son sac à main à la gare de Meaux. Il contenait une bague en or, des lunettes de soleil et des papiers d'identité.
Une enquête est en cours.

Cave pillée
M Geneste, habitant boulevard Charcot, a été victime d'un vol dans sa cave. Le cadenas a été forcé et du vin et des outils ont disparu. Plainte a été déposée.

L'école Condorcet visitée
Le 10 juin, des individus ont cambriolé l'école maternelle Condorcet. Un électrophone, deux magnétophones et des bonbons ont disparu. La police enquête.

Tentative d'effraction à la boucherie
Le 12 juin, vraisemblablement dans la nuit, on a tenté en vain de visiter la Boucherie Pipart, rue du Général-Leclerc. Un volet métallique a été brisé ainsi qu'une vitrine mais aucun vol n'a été constaté.

In the items relating to accidents
a What is M Levasseur's profession?
b Why did the car hit a tree?
c What three things do we know about the three passengers?
d What two vehicles were involved in the Avenue Foch accident?
e What are the professions of M Collinet and Mlle Menard?
f What happened to Mlle Menard?
g Where did the accident involving M Rabourdin take place?
h What was he driving?
i What caused the accident?
j What was one way in which the Renault 5 was damaged?

In the *Vols à la roulotte* section
k Write down what was stolen from each of the three cars.
l Where was each car at the time of the thefts?
m How did the thieves get into M Girand's car?

In the other items relating to thefts
n Where was Mme Sabouret when her handbag was stolen?
o What was in it?
p What was broken into in the boulevard Charcot?
q How did the thieves get in?
r What was stolen?
s What type of school is the école Condorcet?
t What was stolen?
u What type of property was the thief's target in the rue du Général-Leclerc?
v What damage was done?
w What was stolen?

Advertisements

The Ile de Groix lies off the south coast of Brittany and is a popular holiday resort with French people. Look at these advertisements, designed to attract tourists, then answer the questions.

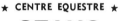

★ CENTRE EQUESTRE ★

STANG er MARC'H

PROMENADES

•

découverte de l'île à cheval

•

calèches

Village de KERAMPOULO

Route de Locmaria - Groix

AUBERGE DU PÊCHEUR

Hôtel - Restaurant

— Crêperie —

OUVERT TOUTE L'ANNEE

• Poissons

• Fruits de Mer

• Spécialités

hors saison

CUISINE AU FEU DE BOIS

PORT-TUDY   GROIX

Tél. 05.80.14

PHOTOGRAPHE

LIBRAIRIE - DISQUES

VETEMENTS MARINS

Cadeaux Bijoux Fantaisie

15, rue du Presbytère

Location de Vélos

TOUTES TAILLES

ASSISTANCE ET DEPANNAGE

•   GRATUITS   •

M. CLOAREC

• VENTE ET REPARATION •

Port-Tudy (route du Bourg)

GROIX   Tél. 05.84.17

CRÊPERIE

Madame Marie-Hélène **BRETON**

19, place de l'Eglise - au bourg

nombreuses spécialités

de crêpes Froment et Sarrazin

PRODUITS DE LA FERME

Tél. 05.80.97

• ouvert toute l'année •

... et à Kerlard, route de Pen-Men

FROMAGES DE CHEVRES

Patrick et Myriam SACAZE

La Voilerie

ARTISANAT - VANNERIE

DENTELLES - LAINES

MODE

CADEAUX

Spécialité

Gâteaux bretons "Maison"

POUZOULIC

PORT-TUDY

56590 ILE DE GROIX

a What sort of leisure activity does *Stang er Marc'h* cater for?
b When is the *Auberge du Pêcheur* open?
c In addition to *spécialités*, what two types of food are featured?
d What are we told about cooking methods?
e What kind of business does M Cloarec have?
f In addition to selling goods, what does he do?
g What does he offer free?
h What does *toutes tailles* mean?
i Name four things you could buy at 15, rue du Presbytère.
j What are *crêpes*?
k How would you translate *place de l'Église*?
l What can you buy from Patrick and Myriam Sacaze?
m What is the *specialité* of *La Voilerie*?
n List as many other items sold in the shop as you can.

Holiday choices

Quatre formules de vacances originales de 2 000 à 7 000F
sélectionnées pour vous.

1 De 2 050F à 4 500F - Une semaine de tennis intensif

Juché sur une colline près de Palma de Majorque, l'hôtel
revêt le style «club-house».

Pendant la semaine, sur l'un des dix courts mis à votre
disposition, vous pouvez pratiquer trois heures de tennis,
avec ou sans professeur (en supplément). Entre les heures
de cet entraînement journalier, une piscine, un restaurant,
une boutique, un bar, un sauna, sont à votre disposition.
Des vacances pour sportifs, accomplis et débutants.

★ *Notes pratiques* Les prix comprennent: le transport
par avion, l'hébergement, les petits déjeuners et trois
heures de tennis/jour. L'hôtel n'accepte pas les animaux.

2 De 3 700F à 4 000F - La Charente au fil de l'eau

Une semaine, à quatre, avec les enfants, ou des amis, sur
un bateau de neuf mètres, dans les méandres de la
Charente, une très belle rivière française au courant lent.
Quatre couchettes, un coin cuisine, des toilettes, une
douche, sur un bateau confortable, que l'on amarre où on
le désire et qui se manie très facilement.

Sieste sur l'eau, escale dans les villes et dans les champs,
pêche à la ligne, décontraction et liberté ... un autre
genre de vacances.

★ *Notes pratiques* Le forfait ne fournit pas les draps, ni le
carburant (250F par semaine environ). Vous pouvez
louer des bicyclettes avant votre départ.

3 De 4 000F à 5 100F - Pour les pêcheurs à la ligne: l'Irlande

Le prix comprend le voyage en avion, une voiture, la
location, l'hébergement dans une pension de famille
irlandaise: l'accueil y est toujours souriant et très
sympathique.

Plusieurs régions de pêche sont proposées en lac et en
rivière. Les brochets y sont nombreux mais pas

forcément faciles à prendre. Il est également possible à peu près partout de pêcher la truite.

Parallèlement, l'Irlande présente un paysage superbe, parsemé de châteaux et de tours des Xe, XIe et XIIe siècles, de prairies vertes et de pubs très typiques où la bière locale est mousseuse.

★ *Notes pratiques* L'Irlande n'est pas un pays chaud, nous vous conseillons vivement d'emporter des lainages, des bottes et des cirés, ce qui ne signifie pas forcément que vous aurez de la pluie: l'Irlande est aussi de temps en temps ensoleillée ... Elle est alors inoubliable!

47 000F - Dix jours aux États-Unis

Cette expédition au départ de Paris, traitée sur toute la ligne dans un style «découverte» est destinée à ceux qui aiment la vie au grand air. Descente du Grand Canyon en bateau pneumatique avec un guide local ne parlant qu'anglais, bivouacs au pays des Apaches, à la belle étoile, traversée des Déserts Rouges: une vie trépidante pendant dix jours avec comme base de départ et de retour un hôtel au «confort suffisant».

★ *Notes pratiques* Emportez quelques conserves, des duvets, un dictionnaire français-anglais. Il est possible de louer sur place des tapis de mousse et des sacs de couchage pour dormir.

1
a Which of the holiday schemes in the article takes place in France?
b Where do the others take place?
c To a greater or lesser extent, all the holidays involve water in some form or other. What part does it play in each of the four holidays?

2 In the first holiday
a What facilities for tennis are available?
b What sorts of players are catered for?
c What form of transport is included in the price?
d ... and which meals?
e What restriction does the hotel impose?

Reading

In the second holiday
f Apart from its beauty, what is another characteristic of the river?
g What, exactly, does the accommodation comprise?
h Name one thing not included in the price.
i What is said about bicycles?

In the third holiday
j In what sort of accommodation will you be staying?
k Besides rivers, where may you be fishing?
l *Brochet* is a pike. What two things are said about it?
m What is a *truite*?
n In addition to the fishing, name three of the other attractions listed.
o What is said about the weather?

In the fourth holiday
p What sort of people is this holiday aimed at?
q What are the sleeping arrangements during the main part of the holiday?
r Why is it suggested you should bring a *dictionnaire français-anglais* with you?
s What other two things is it suggested you should bring?
t What is one thing you can hire on the spot?

3 Choose from the four holidays the one you would most like to go on. Then write (in English) as full an account as you can about what it has to offer and the practical details to be borne in mind.

How to behave towards a blind person with a guide dog

Un aveugle utilisant un chien-guide veut être traité comme une personne indépendante: s'il a des difficultés, il demandera de l'aide.

S'il accepte votre assistance, placez-vous à sa droite, du côté de sa canne (car le chien-guide sera invariablement à sa gauche) et offrez-lui votre bras ou votre épaule gauche.

En aucun cas vous ne devez prendre le chien-guide par la laisse, car cela dérouterait l'animal, surprendrait son maître et les empêcherait de travailler selon leurs habitudes.

Si vous aidez un aveugle à traverser une rue, accompagnez-le jusqu'au trottoir d'en face afin que le chien-guide puisse ensuite continuer son travail.

Ne donnez jamais rien à manger à un chien-guide. Ne caressez pas un chien-guide lorsqu'il est au harnais et ne l'appelez pas. Une impulsion naturelle porte les passants à caresser un chien-guide parce que c'est un animal amical qui rend service, mais son maître doit être consulté avant.

Sachez que les aveugles apprécient les attentions – de même que nous les apprécions – mais désirent surtout que leurs amis et les personnes qu'ils rencontrent aient une attitude naturelle envers eux.

a According to the writer, how does a blind person with his dog wish to be treated?

b If a blind person needs help, where should you stand?

c Which parts of your body are mentioned as possibly useful?

d If you help a blind person to cross a road, how far should you go with him?

e Write down three things you are told not to do to a guide dog.

f What final piece of advice is given on how to behave towards a blind person?

Road safety

Like us, French people are given plenty of advice about road safety, especially before the peak holiday period. Read the following, then answer the questions.

QUELQUES CONSEILS DE SÉCURITÉ ROUTIÈRE

- Avant de quitter le trottoir; piétons, regardez les voitures qui arrivent.
- Cyclistes, ne vous arrêtez pas sur le coin de la rue, c'est dangereux.
- Pour faire un achat, ne laissez pas votre voiture en double file.
- Lorsque j'ai une ambulance en face de moi, je serre à droite.
- Avant de partir le matin, vérifiez votre éclairage.
- Piétons, si votre passage réservé est à proximité, allez le prendre, c'est une sécurité et une nécessité.
- En ouvrant la portière je suis responsable.
- Sur autoroute, le bon couloir, c'est celui de droite.
- Pour arrêter ma voiture, je regarde d'abord derrière moi.
- Si j'entends les pompiers, je me range pour les laisser passer.
- Piétons pour bavarder, restez sur le trottoir, c'est plus prudent.
- En suivant une voiture école, je prends patience.
- En sortant d'un stationnement: il ne faut pas arrêter ceux qui passent.
- Pour traverser la rue; piétons, groupez-vous, les automobilistes vous respecteront.

a What should cyclists not do?
b What should you do before setting off in the morning?
c What are you advised to do before stopping?
d What advice is given about the motorist and learner drivers?
e Which two pieces of advice relate to the Emergency Services?
f Give one piece of advice related to parking.
g What are we told about motorway driving?
h Write down three pieces of advice offered to pedestrians.

Horoscope (2)

Here is a horoscope from a French magazine. Before looking at the questions, read it through to get a general idea of what it contains. Then go through it again, this time extracting the details for the answers.

Bélier (21 mars au 19 avril) Tournez-vous vers vos amis les plus anciens et les plus fidèles. C'est durant cette semaine que vous découvrirez combien vous aimez la personne avec qui vous sortez. Santé assez bonne.

Taureau (20 avril au 20 mai) Ne vous mettez pas trop en évidence durant toute cette semaine. Méfiez-vous de l'enthousiasme des autres. Santé moyenne.

Gémeaux (21 mai au 20 juin) Vous êtes sur le point de rencontrer la personne que vous attendez. Occupez-vous d'un projet qui risque de vous demander beaucoup de temps. Prenez un peu de repos en fin de semaine.

Cancer (21 juin au 22 juillet) Faites-vous conseiller par votre famille dans une décision importante à prendre. Soyez plus discret dans vos conversations avec vos collaborateurs. Santé meilleure.

Lion (23 juillet au 22 août) Il faut vous montrer conciliant si vous voulez préserver l'harmonie entre vous et votre famille. Méfiez-vous des nouvelles idées que vous formeriez. Maux de dents possible.

Vierge (23 août au 22 septembre) Attention aux remarques malheureuses, restez plutôt discret. Bonne semaine pour toutes entreprises intellectuelles. Besoin de calme.

Balance (23 septembre au 22 octobre) N'oubliez pas qu'une personne éloignée pense à vous: écrivez-lui. Mettez sur pied une nouvelle méthode de travail. Quelques migraines.

Scorpion (23 octobre au 21 novembre) Semaine de routine, tout ira mieux dans quelques jours. N'agissez qu'après avoir pris l'avis d'un collègue. Santé, ça va!

Sagittaire (22 novembre au 21 décembre) Gardez confiance dans l'avenir, même si tout paraît mal tourner. N'ayez pas peur de considérer bien en face votre situation sentimentale. Loisirs nécessaires.

 Capricorne (22 décembre au 20 janvier) Le moment est venu de prendre une décision, ne laissez plus traîner les choses. Sachez tirer le meilleur parti possible d'une rencontre que vous ferez avant la fin de la semaine. Santé parfaite.

 Verseau (21 janvier au 19 février) Vous ne rencontrerez jamais personne si vous ne vous décidez pas à sortir plus souvent. Ne perdez pas la tête, même si une amélioration financière est en vue. Prenez un peu d'exercice.

 Poissons (20 février au 20 mars) Méfiez-vous de toute transaction en matière d'argent. C'est au sein-même de votre famille qu'il vous faudra rechercher le bonheur. Quelques maux de tête.

1 Under which sign of the Zodiac are you warned
a ... to take it easy at the weekend?
b ... to get out and about more?
c ... to keep a low profile?
d ... to beware of any financial deal?
e ... to watch what you say when talking to your workmates?
f ... of possible toothache?

2 Which sign
a ... tells you to write to someone?
b ... tells you to turn to old and faithful friends?
c ... has the best outlook for health?
d ... tells you to ask a colleague's advice before you act?
e ... says this is the week to get your brain working?
f ... suggests you have a good hard look at your love life?

3 Write down, as fully as you can (in English) what your own horoscope has to say.

Au Camping

Look at this descriptive leaflet about a campsite in the
Auvergne region of France, then answer the questions:

*Dans le calme
et la fraîcheur des bois...*

Camping L'OMBRAGE ★★

SAINT-PIERRE-COLAMINE (Puy-de-Dôme)
63610 Besse en Chandesse
(sur Nationale 678 - à 4 kms de Besse)
Téléphone : 2

 16 (73) 96.71.87

Terrain aménagé — Installations sanitaires
Accessible aux caravanes - Altitude 800 m.
Robinets d'eau chaude - Douches chaudes
Electricité - Alimentation sur place du 20 Juin
au 1ᵉʳ Septembre - Jeux enfants - Terrain
de boules - Salle abri - Bornes de branche-
ment électrique - Prises pour rasoirs (220 v.)

Proximité stations : Besse - Super-Besse - Murol - Lac Chambon

● Dans un rayon de 15 kms les principaux lacs d'Auvergne.
Excursions magnifiques possibles dans le Massif du Sancy et la
montagne environnante.

● Coin idéal pour les pêcheurs : En bordure de la Couze-Pavin
Nombreux ruisseaux à truite aux environs immédiats.

● Belles promenades à pied.
Nombreuses curiosités régionales.

IMP. PACROT CLERMONT-Fᵈ

a How do you know the campsite is not in open country?
b Below the campsite address you see *Nationale 678*. What is this?
c In the list of facilities offered by the site, what are
Douches chaudes
Jeux enfants
Terrain de boules
Alimentation sur place du 20 juin au 1er septembre
Prises pour rasoirs (220v.)
d How might the holidaymaker enjoy him/herself in the neighbourhood?

Motorway delays

This leaflet was issued to warn drivers on a certain route about problems they would encounter.

La SOCIETE DES AUTOROUTES DU NORD ET DE L'EST DE LA FRANCE (SANEF) construit la troisième voie de la chaussée PARIS/LILLE entre la barrière de péage de CHAMANT, au Nord de SENLIS et le futur échangeur de la Voie Industrielle de l'Oise, sur 15 kilomètres environ:
– Les travaux dureront de Mai à Septembre 1982;
– La circulation dans le sens PARIS/LILLE se fait sur deux voies de largeur réduite.

Nous vous demandons de bien vouloir redoubler d'attention et de prudence dans la zone des chantiers:

REDUISEZ VOTRE VITESSE !

RESPECTEZ LA SIGNALISATION EN PLACE !

ATTENTION, LES DEPASSEMENTS SONT INTERDITS !
Pour les véhicules d'un poids supérieur à 3,5 tonnes ou tractant une remorque d'un poids supérieur à 250 kg.

La SANEF vous remercie de votre compréhension pour la gêne occasionnée par ces travaux destinés à accroître votre sécurité et votre confort.

a What is happening to cause the problem?
b What is a *barrière de péage?*
c What is the particular difficulty that drivers coming from Paris towards Lille will have to contend with?
d What do the three sentences in capitals mean?
e What is the last sentence on the leaflet designed to convey?

Violent orage sur la ville

Mercredi, vers 16h, un violent orage s'est déchaîné sur la ville. Au milieu des roulements du tonnerre, une pluie diluvienne s'est abattue noyant les chaussées.

Les égouts ne pouvaient suffire à évacuer la masse liquide et les caves de nombreuses maisons ont été inondées. Au commissariat de police, tous les bureaux se sont trouvés sous 20 cm d'eau. À Bourmont, une cheminée a été frappée par la foudre.

En ville, les feux de signalisation se sont arrêtés compliquant la circulation qui se faisait phares allumés sous les averses. Malgré la quantité d'eau qui a été répandue en si peu de temps sur les routes nationales, aucun accident n'a été signalé.

Les piétons, doublement douchés par le ciel et par les automobilistes, se souviendront de cet après-midi du 7 août!

a What is the subject of this newspaper report?
b On what day and at what time did it take place?
c What happened in a lot of homes?
d What happened at the police station?
e What happened at Bourmont?
f What created an extra traffic problem?
g What are we told about road accidents?
h Who are mentioned at the end of the report as having good reason to remember the occasion?
i Why should this be so?

Au château

This notice is for tourists visiting the old walled part of the town of Loches. Read it through, then answer the questions.

a Where are you advised to start your visit?
b As well as Anne of Brittany's chapel, to which three places would you be taken on the first guided visit?
c What are you told about visiting the collegiate church of Saint Ours?
d What do you think *souterrains* are, which can be visited in the *Donjon* (Keep)?
e What are you told about tickets bought at the *château* and the *Donjon*?
f Why does the Boulevard Philippe Auguste figure on the notice?

Pets in distress

Household pets are now common in France. However, as you can see from items appearing regularly in newspapers, there are certain problems.

SOS ANIMAUX

TROUVÉ

- Trouvé, abandonné sur la route région Coulommiers (certainement cause départ vacances) *chien genre berger,* 6 mois environ, sans collier. Cherche bons maîtres pour l'adopter. N'aime pas les chats. S'adresser: 622.55.14.
- Trouvé *couple de pigeons* gris, égarés dans région Dhuisy. Tél. 435.71.86.
- *Un vieux chien labrador,* robe noire, très affectueux, a été trouvé près du monument aux morts de Fresnes. Recueilli par des personnes qui ont déjà quatre chiens, cet «ancien» a-t-il une chance de rencontrer un bon maître? Tél. 022.05.07

À PLACER

- À placer *chien* taille moyenne, robe marron, queue coupée. Plusieurs *chatons* dans les deux mois, très propres. *Chienne genre épagneul,* très douce et joyeuse. À placer de préférence chez personnes retraitées. Renseignements: 022.03.66.
- Je suis croisée *labrador* blanc, gentille avec les enfants, je m'appelle Barbara, j'attends des *petits chiots* pour la fin du mois de juin: qui veut en adopter un? Tél. 302.09.76 la journée, le soir jusqu'à 21 heures et le week-end.

PERDU

- Disparue le 16 juillet à Villeneuve-le-Comte: *petite chienne,* à longs poils, marchant sur trois pattes, répondant au nom de Cybelle. Tél. 025.16.91.
- Perdu à Noiseul jeudi 23 juillet au soir: *perroquet,* gris, du Gabon (queue rouge). Tél. 006.29.46 ou au 005.81.16 heures bureau. Forte récompense.

1 In the TROUVÉ section –
   In the first item
a Why, in the writer's opinion, was the dog abandoned?
b How old is it?
c What will anyone wishing to adopt it need to be careful about?
d Give one other detail about it.

   In the second item
e What two things are we told about the pigeons?

   In the third item
f In addition to it being old and affectionate, what else are we told about the dog?
g Where was it found?
h Why are the people who found it unable to keep it?

2 In the À PLACER section –
   In the first item
a Give two details about the first dog mentioned.
b What are *chatons*?
c Mention one thing we are told about them.
d What two things are we told about the *chienne genre épagneul*?
e With what sort of people would the writer like to see it placed?

   In the second item
f What does the writer want people to do?
g When should they phone?

3 In the PERDU section –
   In the first item
a Write in English as full a description as you can of the lost animal.
   In the second item
b What has been lost?
c At what time of day should you ring 005.81.16?
d What does *Forte récompense* mean?

Highway robbery

Il était 16 heures mercredi dernier quand Gérard Chavinier, apprenti peintre décorateur, qui faisait de l'auto-stop sur la RN 148 fut pris en charge par les trois occupants d'une Citroën bleue.

Mais arrivé près de Nantes, le jeune homme se vit soudain menacé d'un pistolet et d'un couteau par ces automobilistes qui l'obligèrent à leur remettre son blouson, ses chaussures, ses gants et son portefeuille. Puis ils l'abandonnèrent sur le bord de la route en lui recommandant, avec force menaces, de ne pas aller se plaindre.

Une heure plus tard, les trois gangsters entrèrent dans une librairie-papeterie et obligèrent la gérante tremblante de peur à leur donner le tiroir-caisse.

Pendant ce temps-là et en dépit des menaces, Gérard Chavinier était allé raconter sa mésaventure à la police. Les gendarmes prirent note du numéro de la voiture et à 18 heures les motards de la brigade motorisée la virent soudain passer sous leurs yeux à l'entrée de Nantes.

La voiture tenta d'échapper à ses poursuivants en empruntant le centre ville. Mais elle s'engouffra dans une impasse, obligeant ses occupants à prendre la fuite à travers les jardins. C'est après une demi-heure de recherche que les gendarmes découvrirent deux membres de la bande cachés dans une cabane de jardinier. Le troisième gangster se rendit le lendemain matin à 6 heures.

a When did this incident take place?
b What was Gérard Chavinier's job?
c How did he become involved with the three criminals?
d In addition to a pistol, what weapon was he threatened with?
e What three items of clothing were stolen from him?

f Once they had robbed him, what did the criminals do?
g Where did they commit their next crime?
h What did they steal?
i Who spotted the criminals' car?
j Where was it when they saw it?
k What did the criminals do first to try and escape?
l What mistake did they make?
m How did they then try to escape?
n How long after this was it before two of the gang were caught?
o What did the third member of the gang do, and when?

Au cinéma

Local newspapers in France, as in England, delight in
printing accounts of unusual incidents. Here is one of
them: read it through, then answer the questions.

Un couple de jeunes mariés avait décidé d'aller au cinéma.
En effet, c'est une façon bien innocente et bien agréable de
passer une soirée. Monsieur et Madame s'apprêtaient donc à
sortir quand se posa une question difficile: et bébé?

À quatre mois tout juste il était impossible de le laisser seul:
un accident est si vite arrivé.

Le petit Patrick dormait à poings fermés.

- C'est simple, dit le père, il suffit de l'emmener avec nous.
Il ne dérangera personne, puisqu'il dort.

Quelques minutes plus tard dans le hall du cinéma, le papa
prenait les billets tandis que la maman veillait à ce que
Patrick pût continuer ses rêves sans être troublé.

Au moment, pour les jeunes gens, d'entrer dans la salle,
l'ouvreuse fut scandalisée.

- Mais c'est un film réservé aux plus de dix-huit ans! Et
celui-là a-t-il plus de dix-huit ans? interrogea-t-elle en
pointant un doigt accusateur sur le bébé.

On alla chercher le directeur. Rien n'y fit. Le règlement,
n'est-ce pas?

Pendant tout cela, Monsieur, Madame et bébé étaient déjà
parvenus à l'intérieur de la salle de projection. Tous les
spectateurs déjà présents prirent parti en faveur du touchant
trio. Les responsables du cinéma ne reculèrent pas d'un
pouce.

La discussion commença à faire du bruit. Alors, pour éviter
de réveiller Patrick, ses parents préférèrent partir.

Cette histoire est si stupide que nous aurons la charité de ne
pas dire où elle s'est passée. Mais hélas, elle est authentique.

a How old was the baby?
b What did the young couple decide it would be inadvisable to do?
c What was the baby doing?
d Why did the father see this as an advantage?
e What did the father do when they arrived at the cinema?
f Who objected to the baby being brought into the cinema?
g For what reason?
h Who, apart from the parents, wanted the baby to stay?
i Why did the young couple finally decide to leave?
j What information do the writers of this article say they have withheld?

Who did it?

Un peu avant quatre heures, hier matin, Mme Chanal, propriétaire de l'hôtel-restaurant 'La Bastide', a entendu des bruits suspects et a senti une odeur d'essence. Puis, elle a été tirée complètement de son sommeil par une épaisse fumée. Dans les chambres, toutes occupées, c'est la panique. Certains clients utilisent des draps pour quitter l'hôtel par les fenêtres.

L'incendie a détruit la réception et la salle à manger situées au rez-de-chaussée et a coupé le téléphone. De ce fait, l'établissement était isolé et il a fallu que Mme Chanal se rende en voiture jusqu'à Saint-Rémy alerter les pompiers. Pendant ce temps, son mari et des clients, munis de plusieurs extincteurs ont attaqué le foyer. Le premier étage de l'hôtel a ainsi pu être protégé.

Les policiers ont ouvert une enquête. Des carreaux brisés de la porte d'entrée laissent penser que l'auteur de cet incendie a pénétré par là avant de répandre de l'essence sur le sol et de l'enflammer, avant également de dessiner un grand point d'interrogation sur la nappe d'une table de la salle à manger.

a When did this incident take place?
b What two things first attracted Mme Chanal's attention?
c What finally roused her completely?
d How did some of the guests get out of the hotel?
e Why did Mme Chanal go to Saint-Rémy?
f Which part of the hotel was saved from damage?
g How do the police think the intruder got in?
h ... and what evidence is there for this?
i What kind of signature did the intruder leave?
j ... and where was it written?

A visit to a fortune teller

Dans l'île de la Martinique, un matin du règne de Louis XVI, une jeune fille créole décida de consulter la devineresse caraïbe Eliama. La devineresse connaissait bien sa visiteuse, qui était la fille de M Tascher de La Pagerie, dont la plantation se trouvait toute proche.

Tout en riant, la jeune fille expliqua pourquoi elle était venue: elle voulait connaître son avenir. Eliama prit la main tremblante de Mlle de la Pagerie. Puis elle releva la tête et la regarda, étonnée: 'Tu te marieras bientôt,' murmura-te-elle, 'cette union ne sera pas heureuse; tu deviendras veuve, et alors .... Il y eut un temps pendant lequel la jeune fille sentit battre son coeur, enfin Eliama prononça: 'Et alors tu seras plus que reine.'

Mlle de La Pagerie, après un premier mariage malheureux, deviendra Joséphine, impératrice de l'empire français, femme du premier empereur des Français, Napoléon Bonaparte. Sa fille sera reine de Hollande, son fils vice-roi d'Italie; l'un de ses petits-enfants deviendra Napoléon III. Aujourd'hui, le sang de Joséphine coule dans les veines de presque toutes les familles royales d'Europe. Plus que reine ....

a When did the visit to Eliama take place?
b Where did Eliama's visitor live?
c What two things did Eliama do after she had taken Mlle de La Pagerie's hand, but before she spoke to her?
d What were two of the things Eliama told Mlle de La Pagerie?
e What do we know about Mlle de La Pagerie's feelings while she was waiting for Eliama to finish speaking?
f What happened to Joséphine's daughter?
g What relation was Joséphine to Napoléon III?
h In what ways have Eliama's words 'plus que reine' proved correct?

La Dame Blanche

Sentant qu'il allait mourir, le vieux veilleur de nuit de la cathédrale de Strasbourg donna ses derniers conseils à son neveu qui devait lui succéder:

'Et surtout rappelle-toi que tu ne dois jamais suivre, ni même regarder la Dame Blanche. Elle te conduirait à une mort certaine,' conclut-il.

C'était maintenant au tour du jeune homme de monter tous les soirs sur la plateforme. Là-haut, il dominait les quartiers qu'il était chargé de surveiller, car c'était lui le premier qui donnait l'alarme en cas d'incendie.

Cette nuit-là, le ciel pur brillait de mille étoiles. Un petit vent frais se leva. Soudain, il eut l'impression de n'être pas seul. Il se retourna juste à temps pour apercevoir un vêtement blanc disparaître derrière une statue. Intrigué, il s'approcha, mais il n'y avait âme qui vive. Il se sentit vaguement nerveux. L'histoire de la Dame Blanche lui revint à l'esprit. Il entendit un petit rire moqueur. C'était bien elle! Comme elle était belle! Elle tendit la main vers lui.

'Je dois résister,' se dit-il, sans pouvoir détacher ses yeux de la créature vaporeuse. Il essayait de se ressaisir, mais la volonté lui manquait. Il s'approcha, mais elle disparut dans un escalier. Et il la suivit. Une partie de cache-cache commença. La Dame montait, toujours plus haut. Arrivée au sommet de la tour, elle l'attendit. Quand il crut enfin la toucher, elle sauta légèrement sur une gargouille.

'Viens,' semblait-elle dire. Il se pencha. Soudain, il perdit l'équilibre. Il essaya de se retenir à la gargouille, lui tendit désespérément la main, mais elle riait. Il tomba dans le vide. Alors, elle disparut.

a Who was to succeed the old man as night watchman?
b What two pieces of advice did the old man give his successor?
c What was the particular responsibility of the night watchman?
d What are we told about the weather on the night of the story?
e What was the first thing the young man saw which suggested he was not alone?
f ... and what was the first thing he heard?
g What did the white lady do to persuade him to follow her?
h What did she do when she reached the top of the tower?
i What happened when he tried to touch her?
j What are the main points of the end of the story, as told in the last paragraph?

Listening

The material in this section is accompanied by a cassette.

Hints on listening comprehension

REMEMBER
- that you don't need to hear or understand every word to be able to understand what is being said.

- that many of the listening tests you will have to do in examinations will be read or played *twice,* though twice only. Don't expect further repetition.

- to listen for the general sense of the French first, and understand what detail you can. But don't panic if you can't understand everything: on the second reading or playing you will be able to understand more.

DON'T
- write and listen at the same time: you will miss what is being said.

DO
- read the questions carefully: they often provide valuable clues.

- make an intelligent guess if you don't understand completely. You *may* be wrong, but you will *certainly* be wrong if you don't attempt to answer at all.

- give as much detail as you can in your answers. You may lose marks for putting 'a car' when the French was 'une voiture *rouge*'.

- pay special attention to numbers, on their own or as parts of times and dates. You are used to seeing them appearing as figures (63, 10h 25, 1992) but there is no short way of *saying* them:
  soixante-trois
  dix heures vingt-cinq
  dix-neuf cent quatre-vingt-douze

News headlines

Listen to the following ten brief news items, then answer the questions. Each item will be repeated.

1 a The new TV channel will be the
   A second
   B third
   C fourth
   D fifth

   b When will it open?

2 What is due to appear?

3 a Where did the air disaster take place?
   b How many people were killed?

4 a Which sport is being talked about here?
   b In what position now is the person mentioned?

5 a What is going to cost more?
   b When will the price rise take place?

6 a What type of accident is being talked about here?
   b To which year do the statistics refer?
   c Which countries have a worse record than France?

7 a What is the problem here?
   b Who, besides the airlines, is involved?
   c From when?

8 a What type of disaster is mentioned here?
   b Which part of France has it affected?

9 What problem has been caused by the storms?

10 a What world record does Paris hold?
   b Twenty-six out of how many Parisians are affected by it?

Understanding directions (1)

Imagine that you are in France and have asked your way to the following places. Listen to what is said in reply to your enquiry, then answer the questions.

1 The Roxy cinema
a What is the first thing you should do?
b And then?
c What other piece of helpful information are you given?

2 The tourist office
a What is the tourist office near?
b What do you do once you have turned right?
c How far away is the tourist office?

3 The post office
a How far away is the post office?
b What is the first thing you should do?
c When should you turn right?

4 The sports stadium
a How far away is the stadium?
b Which bus should you catch?
c Where, exactly, is the bus stop?

5 The youth centre
a What information is given as to the whereabouts of the youth centre?
b What is it suggested you should do?
c What information is given to help you do this?

Understanding directions (2)

Each of the following directions will be given twice. Listen to them, then write down as much information as you can.

1 You are at the station and want ...
a the left luggage office
b the station master's office

2 You are at the airport and want ...
a the *bureau de change*
b the information desk

3 You are in a café and want ...
a the toilets
b the telephone

Where to camp (1)

If you go on a camping or caravan holiday in France, you will want up-to-date information about which sites have places available. A good way to find out is to listen to the radio station France Inter. You will hear twice daily reports after its news bulletins on the overall situation on the coast and in the main tourist regions.

The service ends by giving the telephone number to ring for more detailed information.

Listen to the final part of the report, then
a write down the phone number to ring;
b the time the service begins in the morning;
c the time it closes in the evening.

Traffic information

If you are driving in France at peak holiday times, you will
want up-to-the minute information about traffic problems.
Listen to the following announcements, which are like
those you will hear on French radio, then answer the
questions.

1 What are we told about all roads leading to Sète?

2 Which road is now trouble-free?

3
a What has caused the problem?
b How long is the tailback?

4
a What difficulty will motorists encounter?
b The trouble spot is near Narbonne. Where, exactly?

5
a What will motorists have to do?
b Where, in relation to the Pont de L'Aquitaine, will they
   have to do it?
   A before
   B at
   C after

6
a What is the problem?
b What are you advised to do?
c When will the difficult period be?

7
a When will there be a delay?
b Whereabouts in Paris will it be?
c Which two roads are affected?
d What kinds of roads are they?

8
a What can't motorists do?
b What is causing the problem?

A holiday remembered

Section 1
a How long ago did this holiday take place?
b Which country was visited?
c Who made up the party?
d How did they travel?
e What did they also do while staying at the hotel?

Section 2
f What particular difficulty does the storyteller remember having?
g Why did he have this difficulty?
h What does he say about the habits of the people in the country concerned?
i What additional difficulty was there that made his problem worse?

Announcements (1)

You will hear four station announcements. For each one, write down the number of the train, the departure time and the number or letter of the platform.

1 À la gare
a
b
c
d

You will hear four airport announcements. For each one, write down as much information as you can.

2 À l'aéroport
e
f
g
h

Who is speaking? (1)

You will hear six snatches of conversation between two people. Each will be repeated. When you have heard each conversation twice, choose from the four possibilities the one you think identifies the speakers.

a A   une femme et un agent de police
  B   une cliente et un garçon de café
  C   une automobiliste et un garagiste
  D   une cliente et un employé de banque

b A   une cliente et un garçon de café
  B   une cliente et un boulanger
  C   une malade et un médecin
  D   une touriste et un hôtelier

c A   une touriste et un guide
  B   une touriste et un employé de la SNCF
  C   une cliente et un épicier
  D   la mère d'un élève et un professeur

d A   une serveuse de café et un client
  B   une pompiste et un automobiliste
  C   une marchande de fruits et un client
  D   une bouchère et un client

e A   un agent de police et une automobiliste
  B   un employé de syndicat d'initiative et une touriste
  C   un douanier et une femme
  D   un contrôleur et une passagère

f A   une boulangère et un client
  B   une employée de syndicat d'initiative et un touriste
  C   une marchande de légumes et un client
  D   une serveuse de café et un client

Where are they?

You will hear six short conversations. Each will be repeated. When you have heard each conversation twice, choose which of the four possibilities best indicates where the people are.

a **A** at a supermarket
  B at a bank
  C at a hotel
  D at a station

b **A** at a hotel
  B at a restaurant
  C at a station
  D at a travel agent's

c **A** at a youth hostel
  B at a campsite
  C at a hotel
  D at a station booking-office

d **A** at a tourist office
  B at the cinema
  C at a butcher's
  D at a restaurant

e **A** at a station
  B at a driving school
  C at a bus station
  D at a garage

f **A** at a chemist's
  B at a dairy produce shop
  C at an ice-cream stall
  D at the doctor's

Holiday plans

Section 1

a On her way from the north of England to Perpignan, near the Spanish frontier, Bernadette is going to make several stopovers. Where is the first?

b What is she stopping there for?

c What do we know about Bernadette's friend in Canterbury?

Section 2

d How will she get from England to France?

e Where will she stay in Paris?

f How long does the last stage of the journey to Perpignan take?

Jean-Marie remembers his schooldays (1)

Section 1

a Where was the *lycée* situated in relation to Jean-Marie's house?

b What was all round the school?

c Which classes were housed in the first building mentioned?

d ... and in the second?

Section 2

e What were three of the subjects taught in the third block?

f How old was Jean-Marie when he first attended this school?

g He left school at 19 rather than 18. Why was this?

Un bulletin météo

When you are on holiday in France, you may well want to
know what the weather will be like later in the day, or
perhaps even further ahead. One way to find out is to listen
to a forecast on the radio. Listen to each of the extracts from
broadcasts and answer the questions.

1
a What is the main feature of the weather?
b Name one part of France mentioned in the broadcast.
c Towards which two countries will this weather be
moving in the afternoon?

2
a Which period is covered by this forecast?
b What are we told about the weather?

3
a When does it say there will be rain?
b In which part of France?
  A east
  B south-east
  C south
  D south-west
c What is the forecast for later in the day?

4
a To which part of the day does this forecast relate?
b What will the weather be like in the west of the country?
c What will it be like in the east?

Phone messages

If a French friend comes to stay with you, you may well
need to understand a phone call from France – about last-
minute changes in travel arrangements, for example.
Imagine that you are receiving these phone calls, then
answer the questions.

1
a On what day of the week is your friend arriving?
b What time will he arrive in London?
c Where, exactly, are you going to meet?

2
a How is your French visitor travelling from France?
b What is the new arrival time?
c What does she say about meeting?

3
a How had he intended to travel?
b Why is this now impossible?
c What time will he now arrive?

4 What message will you give Jean when he comes in?

Booking by phone

In the same way, when you enquire about accommodation in France by phone, you will need to understand what is said in reply to your questions. Listen to the following, then answer the questions.

1
a What is not available?
b What other possibility is suggested?

2
a When are there places available in this youth hostel?
b What are you asked to do?

3
a When is the *gîte* free?
b How many people can it take?
c What other information is given?

Explanations!

Listen to this conversation between a mother and her son André, who has stayed out and missed his evening meal, then answer the questions.

a Where had André been?
b Who was he with?
c Where did he go next?
d What did he do there?
e What two reasons does he give for not knowing the time?
f What does his mother tell him to do if he doesn't like eating with the rest of the family?
g What does André promise to do?

Colette talks with her father about her day at school

Section 1
a What is the first question her father asks?
b How many did Colette score in the test?
c How does this compare with the marks she gained last time?

Section 2
d What is Colette's opinion of school dinner that day?
e She ate *bouchées à la reine* (pastry cases with filling). What does she say about their contents?
f What does her father suggest was probably in them?

Section 3
g What did Colette do in Games?
h Did her team win?
i What are two things Colette says about her homework?
j What does her father say when he hears this?

Philippe talks about his home in Marseille

Section 1
a What are two of the things we are told about Philippe's sister?
b What sort of work did his parents do?
c In which part of Marseille is his house situated?

Section 2
d How many ground floor rooms are there?
e Which room did they build on after they bought the house?
f What is there in his garden?

Section 3
g What is there all round the garden?
h What development took place nearby some years ago?

Jean-Marie remembers his schooldays (2)

Section 1
a At what time did Jean-Marie start school in the morning?
b At what two times could morning school end?
c In either case, how long did he have for lunch?
d At what time did afternoon school end?
e How many hours of lessons does he say he had in a day (there are two possibilities)?

Section 2
f How long did morning break last?
g What were his two favourite subjects?
h What subject did he like least?
i From what source did he receive help in this problem area?
j With what two skills in particular does he remember being helped?

Football results

Section 1
a Which division's results are given here?
b What was the result in the Bordeaux-Monaco match?
   A Bordeaux 1   Monaco 3
   B Bordeaux 2   Monaco 2
   C Bordeaux 3   Monaco 1
   D Bordeaux 4   Monaco 0
c How many goals did Saint-Étienne score?

Section 2
d What was the result in the Toulouse-Strasbourg match?
   A Toulouse 0   Strasbourg 2
   B Toulouse 1   Strasbourg 3
   C Toulouse 2   Strasbourg 0
   D Toulouse 3   Strasbourg 1
e Who won the Lens-Nancy match?
f ... and what was the score?
g How many goals did Brest score?
h Name one of the teams which scored no goals at all.
i What was the score in the Mulhouse-Nantes match?
j How many drawn games were there?

Who is speaking? (2)

Listen to the ten remarks on the tape, and when you have
heard them twice, choose from the four possibilities the one
which identifies the speaker.

a A une employée de banque
  B une concierge
  C une employée de syndicat d'initiative
  D une marchande de légumes

b A un marchand de vins
  B un boulanger
  C un agent de police
  D un garagiste

c A une fermière
  B une charcutière
  C une vendeuse de chaussures
  D une bouchère

d A un fermier
  B un agent de police
  C un journaliste
  D un champion de tennis

e A une infirmière
  B une institutrice
  C une ménagère
  D une boulangère

f A un facteur
  B un directeur de collège
  C un chanteur
  D un professeur

g A une hôtesse de l'air
  B une artiste
  C une secrétaire
  D une présentatrice de télévision

h **A** un mécanicien
   B un employé de banque
   C un employé de la SNCF
   D un douanier

i **A** une femme médecin
   B une vedette de cinéma
   C une gardienne de camping
   D une interprète

j **A** un fermier
   B un pompier
   C un météorologue
   D un pêcheur

Where to camp (2)

Listen to this Saturday afternoon Camping Service bulletin, then answer the questions.

Section 1
a Where is it difficult to find empty places?
b Where are places still in plentiful supply?

Section 2
c If you are heading for the Charente-Maritime, Landes or Hérault regions, what are you advised to do?
d Until what time on this Saturday evening can you ring the 'Inter-Loisirs' service telephone number?
e After that, when is the next time the service will be available?

An embarrassing incident

Section 1
a In which country did this misadventure take place?
b Where was the storyteller at the time?
c Where did he go?
d ... and what happened?
e What did he first try to do to get out of his predicament?

Section 2
f Why was he unsuccessful?
g What did he do next?
h What made the situation more difficult for him at this stage?
i How did the story end?

French people talk about themselves

1 Catherine
a What is the date of Catherine's birthday?
b How long did she live in France?
c How tall is she?
d How much does she weigh?
e What colour are her eyes?
f What does she tell us she likes to wear?
g What does she tell us about her parents?

2 Julie
a How old is Julie?
b What colour is her hair?
c In addition to music, what other two things does she say
   she likes?
d How does she particularly like to spend her free time?

3 Jean-Luc
What have you learnt about Jean-Luc? Write down as many
details as you can.

Find the answer

Listen to the ten statements or questions on the tape, each of which will be repeated, then choose from the four possibilities the answer you think is most suitable.

a **A** Mon réveil ne marche pas.
    B Oui, je me suis levé très tôt.
    C Je voudrais arriver de bonne heure à l'école.
    D Le matin, je n'aime pas rester au lit.

b **A** Il faut traverser la Manche.
    B Le mot 'ANGLETERRE' a dix lettres.
    C Normalement trois francs, je crois.
    D J'en ai déjà envoyé deux.

c **A** Non, regarde, on a gagné.
    B Oui, l'hôtel est complet.
    C Oui, il faut consulter la carte.
    D Non, on est partis hier.

d **A** Il sera bientôt trois heures quarante.
    B Je suis passionné par la peinture.
    C Les oiseaux se sont mis à chanter.
    D Je suis déjà passé par l'Allemagne.

e **A** Oui, je voulais y arriver.
    B Oui, j'habite la ville voisine.
    C Oui, depuis mon enfance.
    D Oui, elle a plus de dix mille habitants.

f **A** On n'a rien rolé à Mme Bernard.
    B Les voleurs sont encore en liberté.
    C La police a arrêté Mme Bernard.
    D On avait entendu un coup de feu.

g **A** Madeleine était en voiture.
    B Elle est rentrée chez elle sans incident.
    C Ses blessures sont légères.
    D Elle a eu un accident de bicyclette.

h A Il y avait quarante-trois pêcheurs au concours.
   B Annie a gagné le concours.
   C Deux participants seulement ont battu Annie.
   D Annie a pris trois poissons.

i A Marcel n'est pas rentré en voiture.
   B Il avait oublié de fermer à clef sa voiture.
   C On a volé la voiture de Marcel.
   D Il ne savait pas où il avait laissé la voiture.

j A Il a fait très beau pendant toute la promenade.
   B On s'est amusés malgré le mauvais temps.
   C Tout le monde a détesté la campagne.
   D C'est nous qui nous sommes amusés le plus.

Where to camp (3)

Listen to the Camping Service bulletin, then write down as many of the main points from it as you can.

Announcements (2)

You will hear four local radio announcements. When you
have heard each one twice, complete the statements by
choosing the most suitable of the four possibilities.

1 a La période en question est
    A le 2 août au 24 août
    B le 2 août au 25 août
    C le 3 août au 26 août
    D le 1er août au 25 août

  b La mairie sera ouverte
    A toute la journée
    B le matin
    C l'après-midi
    D le soir

  c Elle sera fermée
    A deux jours
    B trois jours
    C cinq jours
    D tous les jours

2 a La date en question est
    A le 15 août
    B le 14 août
    C le 21 août
    D le 16 août

  b La course cycliste commence à
    A 4 heures du soir
    B 8 heures du matin
    C 2 heures de l'après-midi
    D 8 heures du soir

  c Plus tard, on peut aller à la salle des fêtes
    A jouer au football
    B danser
    C manger
    D chanter

3 a Pendant combien de temps la bibliothèque sera-t-elle ouverte le vendredi?
   A une heure
   B deux heures
   C trois heures
   D quatre heures

  b Combien de jours ne sera-t-elle pas ouverte?
   A un jour
   B deux jours
   C quatre jours
   D cinq jours

  c Le samedi, elle ferme à
   A huit heures
   B midi
   C deux heures
   D six heures

4 a La promenade aura lieu
   A dans un château
   B sur une rivière
   C dans un parc régional
   D dans une ville

  b Pendant le voyage il y a possibilité de
   A visiter un château
   B aller au cinéma
   C dîner
   D passer des disques

  c Le prix de l'excursion est de
   A 60F
   B 80F
   C 100F
   D 160F

An unpleasant experience

Section 1
a How long did this incident last?
b Where was Mme Lefèvre during this time?
c On what day of the week and at about what time did the incident begin?
d How old is Mme Lefèvre?
e What weapon did the man have?

Section 2
f Having dealt with Mme Lefèvre, what did the man do?
g At what time was Mme Lefèvre released?
h By whom?
i What are we told about Mme Lefèvre's state after her ordeal?

A misunderstanding

A French woman living in England talks of one of the differences between French and English ... and its consequences on one occasion!

Listen to this anecdote, then write, in English, an account of it in your own words.

Holiday experiences (1)

Section 1
a Where did this holiday take place? Give three details.
b How long did the storyteller's family intend to stay there?
c What did they do before going to bed?

Section 2
d Who was first to disturb the peace?
e What did they do?
f ... and for how long?
g What happened in the middle of this disturbance? Give three details.

Section 3
h Who caused the second disturbance? Give three details.
i What did they start doing?
j What did the storyteller's family find when they woke up the next morning?

Holiday experiences (2)

Sophie talks with Patrick about her summer holidays

Section 1
a What does Patrick ask first of all?
b Where did Sophie spend her holidays? Give details.
c How did she get the address of the place?

Section 2
d Did she like the place?
e What was the weather like during her stay?
f What does she say about the beaches on either side of her own?
g What were the disadvantages of her beach?

Section 3
h What are we told about the sea in that area?
i What piece of advice does Patrick give Sophie?

Interview with a girl racing driver

a À quel âge est-ce que Cathy a passé son permis de conduire?
   A à 10 ans
   B à 11 ans
   C à 18 ans
   D à 28 ans

b Pourquoi a-t-elle eu des problèmes?
   A trop de filles voulaient courir
   B parmi les coureurs il n'y avait pas beaucoup de filles
   C elle ne voulait pas accepter les garçons
   D les garçons avaient très peur d'elle

c Quand s'entraîne-t-elle?
   A jamais
   B pendant ses heures de loisir
   C toute la journée
   D au printemps seulement

d Que pense-t-elle du mariage?
   A elle veut se marier l'année prochaine
   B elle doute qu'elle se marie
   C il n'en est pas question
   D c'est une possibilité, mais plus tard

e En quelle année est-elle devenue championne de ligue?
   A en 1967
   B en 1969
   C en 1977
   D en 1978

f Comment voit-elle les dangers de son métier?
   A elle abandonnera quand elle aura peur
   B elle ne voudra pas s'arrêter, même si elle a peur
   C elle considère la peur comme une bêtise
   D elle a toujours été insensible aux risques

The bells

Section 1
a What three things does the speaker mention as being of interest to visitors to the Auvergne region?
b What does he identify as being a drawback in this area?
c What does the speaker say his particular interests are?
d Who told him the story of the bells?

Section 2
e When did the incidents in the story of the bells take place?
f What did the army begin to do that made the inhabitants of Grandval and Laroche-Savine fear for their bells?
g What are we told in this section about the bells?

Section 3
h Where did the villagers decide to hide the bells to avoid the danger of confiscation?
i When did they replace the bells?
j What doubt sprang into the minds of the people of Grandval when they heard the ringing of their bell?

Speaking

Hints on rôle-playing

DO
- try to imagine yourself into the actual situation.

- try to convey what you need to say as clearly as possible.

- suit what you say to the particular situation: remember to use expressions like *s'il vous plaît, merci, au revoir* whenever appropriate.

DON'T
- try to translate the instructions literally. For example, 'Greet them politely' = *'Bonjour, monsieur, madame'*.

- worry if you don't know a particular word: there may well be several valid ways of conveying the essential information.

- feel you must always use a complete sentence: just try to get the meaning across accurately.

Rôle-playing (1)

Working in pairs, in the following situations you should
- decide what each of you will say
- check your work with your teacher
- practise the conversation
- change rôles and go through it again

a You are talking to your French friend about school.
   Friend: asks what time school starts
   You: say at 8.45 a.m.
   Friend: asks if you go there by car
   You: say you go by bicycle
   Friend: asks what subjects you prefer
   You: tell him/her

b When staying in France, you are asked about where you
   live.
   French person: asks if you live near London
   You: tell him/her where you live
   French person: asks what there is in your town
   You: say there is a castle, a cinema and
                        two swimming pools
   French person: says he/she prefers to live in the
                        country
   You: say you think there is a lot to do in
                        the town

c You are travelling in France with your family when the
   car breaks down. You telephone a garage
   You: say your car has broken down
   Mechanic: asks where you are
   You: tell him you are on the RN 65, two km.
                   south of Clisson
   Mechanic: asks what sort of car it is
   You: tell him it's a Renault 9
   Mechanic: says he'll come in five minutes

d You are on your way to stay with a French family, but
   there has been a mix-up about times and you arrive at

the station early. You phone up to explain and one of
your friend's parents answers.

Parent: answers the phone
You: say who is calling and say you are at the
              station
Parent: expresses surprise and says he/she will
              come and look for you. He/She will be there
              in ten minutes
You: ask where you should wait
Parent: tells you to wait at the station entrance
You: thank him/her and say you'll see him/her
              soon

e You are in a French restaurant. The waiter has already
   given you the menu and now comes to take your order.

Waiter: asks if you have chosen
You: say you would like soup
Waiter: asks what you would like as well
You: say you would like chicken and chips
Waiter   asks if you would like something to drink
You: say you will have a beer

f You are staying with your French penfriend.

Friend: asks what you would like to do today
You: say you would like to go shopping
Friend: asks what you want to buy
You: say you need some postcards and
              a present for your mother
Friend: says he/she will come with you
              and asks when you want to leave
You: say you will be ready in half an hour

Rôle-playing (2)

In each of the following situations you should
- take your part as indicated;
- suggest what the other person says;
- check your work with your teacher;
- practise the dialogues, working in pairs

a You are in a French town and want to know where the Tourist Office is. You decide to ask a passer-by.
- politely stop someone and ask how to get to the Tourist Office;
- ask if it's far;
- ask if it's open now;
- thank the passer-by and say goodbye

b You are in a French café and want something to eat and drink. You are with a friend.
- call the waiter politely and order a beer and a lemonade;
- ask if he has any sandwiches;
- order one pâté and one ham sandwich;
- ask if the service is included

c While out one day you come across a French tourist who is obviously lost and looking for something.
- greet the tourist politely and ask if you can help him/her;
- tell him/her that the Post Office is in the town centre, opposite the station;
- say that yes, in England, you must buy stamps in a Post Office;
- say it's quite all right, take your leave and wish him/her a good holiday

d You work in a tourist office in an English town. A middle-aged French couple come in.
- greet them politely and ask them if they want some information;
- say yes, there are several good hotels in town;
- tell them the Hotel Bristol is the best: it has four stars;

- tell them it's 500m away; take the second street on the left;
- say it's quite all right. Say goodbye, and tell them that you hope they will have a good stay in the town

e You are on holiday in France and are having trouble with toothache. You go into a chemist's shop.
- greet the chemist politely;
- ask if he/she has anything for toothache;
- ask how much it is;
- pay and say goodbye

f You are at a French station and go to the Information Office to make some enquiries.
- politely ask the clerk if there is a train to Lyon soon;
- ask from which platform it goes;
- ask how much a return ticket costs;
- ask where the left luggage office is

Missing!

You are on a working holiday in France and have just sat down for a rest and a drink in a café. You open the local newspaper, where you read the following:

AVIS DE RECHERCHE

On recherche Mme Geneviève Gassin, qui a disparu dans la forêt de Roumare le 5 août dernier. Les personnes pouvant fournir des renseignements sur cette personne qui est actuellement en traitement et qui souffre d'amnésie sont priées de téléphoner au commissariat le plus proche.

No doubt about it: this is the very person you saw in the forest half an hour ago. Work out the essentials of what you will say (where and when you saw Mme Gassin, a brief description; yes, you're quite sure, you've just seen this notice in the paper), then phone the police. Don't waste time: every moment could be vital!

On va au concert?

Imagine that you are on an exchange visit to the French seaside town of Le Tréport. While out for a walk, you see this poster at the Information Bureau:

When you get back to your exchange partner's house, you tell him/her about it. Use the outline below, though you may wish to discuss the poster orally with your teacher before you begin.

You:	Ask your friend if he/she has seen the poster at the *Syndicat d'Initiative*.
Friend:	(Non, qu'est-ce qu'elle annonce, cette affiche?)
You:	Say it's advertising a hard rock concert with the group *Méthane*.
Friend:	(C'est vrai? C'est intéressant. C'est quand, le concert?)
You:	Give the date and time of the concert.
Friend:	(C'est un samedi?)
You:	Say no, it's a Sunday.
Friend:	(Où c'est?)
You:	Tell him/her where the concert will take place. Say it's an open-air concert.
Friend:	(Il faut payer?)
You:	Say no, it's free. Ask your friend if he/she wants to go.

When you have worked out what to say and checked what you have prepared with your teacher, practise the conversation, working in pairs.

Hints on answering questions

The part of the oral exam called 'conversation' is included
to show the examiner how well you can express yourself in
French on a range of everyday topics. It is up to you to
contribute your part of the conversation by answering as
fully and as naturally as you can the questions you are
asked and by developing your answers along the lines you
want the conversation to take.

So:

AVOID
  - answering simply by *'oui'* or *'non'*. This puts the
    examiner straight away into the position of having to
    ask yet another question, when it is you and not the
    examiner who should be doing most of the talking. For
    example, if you have no brothers or sisters and are
    asked
    Est-ce que vous avez des frères ou des soeurs?
    don't just say 'Non, monsieur/madame'. Think of
    something worth saying to develop your answer, such
    as
    *Non, monsieur/madame, je suis fils/fille unique. J'ai
    des cousins et des cousines que je vois de temps en
    temps* ... and so on
    Since you know in advance the sorts of things the
    examiner is likely to ask you, you can prepare the
    necessary information, rather than having to think of
    it on the spot. You must give it conversationally,
    though, not in the form of a recitation!

LISTEN
  - carefully to the questions you are asked, because the
    form of the question will give you clues as to how to
    answer. You should have had plenty of practice in
    asking questions yourself, so you know that the first
    word usually indicates what sort of information is
    required (*Quel, Pourquoi, Quand, Qui, Où, Qu'est-ce
    que*, etc.)

LISTEN
- for the tense of the question, and use that tense in the answer.

   For example:

   Où *habitez*-vous? J'*habite* ...

   À quelle heure *rentrerez*-vous ce soir? Je *rentrerai* à ...

   Qu'est-ce que vous *avez fait* ce matin? D'abord je me *suis réveillé(e)* ...

NOTE
- it may be that in the exam, as in real life, you fail to hear the question or to understand it. If that is the case, you should say

   Excusez-moi, je n'ai pas entendu la question.

   or

   Excusez-moi, je n'ai pas compris la question.

Au café

1 Questions

a Où se passe cette scène?

b Quel est le métier de la jeune femme à gauche?

c Décrivez-la.

d Que font les trois jeunes filles à droite?

e Que voyez-vous sur les tables?

f Combien coûte le plat du jour?

g Qu'est-ce qu'on peut acheter pour 13F?

2 Now imagine that you have decided to have a meal on the *terrasse* of this café. What the waitress says is given: work out what you will say, on the lines indicated.

You:	call the waitress
Waitress:	monsieur/mademoiselle?
You:	order something to eat
Waitress:	je vous apporte aussi quelque chose à boire?
You:	order something to drink (the waitress brings them and you have your meal)
You:	ask the waitress for the bill
Waitress:	voilà, monsieur/mademoiselle
You:	ask if the service is included
Waitress:	oui, monsieur/mademoiselle
You:	pay and take your leave

Au marché

1 Questions
a Où se passe cette scène?
b Qu'est-ce qu'on vend ici?
c Combien coûtent les bananes?
d La cliente, qu'est-ce qu'elle porte?
e Décrivez la marchande.

2 Rôle-playing
Imagine that you are a customer
a Tell the stallholder you will have six bananas;
b Ask if she has any apples;
c Ask how much they cost;
d Say you will have a kilo;
e Ask how much it all comes to;
f Pay and take your leave.

On achète des glaces

1 Questions
a Cette scène se passe en quelle saison, croyez-vous?
b Les gens qui attendent, qu'est-ce qu'ils vont faire?
c Vous aimez les glaces? Quel parfum préférez-vous?
d Décrivez la femme à gauche.

2 Rôle-playing
Work out a dialogue, on the lines indicated, between the stallholder and a customer.

Customer:	Ask how much the ices are.
Stallholder:	Ask the customer which flavour he/she wants.
Customer:	Ask how much a strawberry ice is.
Stallholder:	Say it's five francs.
Customer:	Say you will have two vanilla ices.

On bavarde

1 Questions
a Où se passe cette scène?
b Quel temps fait-il?
c Quel âge a la jeune fille, à votre avis?
d Qu'est-ce qu'on vend ici?
e Quels vêtements portent les deux garçons?

2 Work out an imaginary conversation between the young
people in the photo. If you like, you can put yourself in
the place of one of them.

Situations

In the following situations you are given broad guidelines about your rôle but the exact responses are left to you. Work through the situations with your partner, deciding which character you will play. When you have worked out together a suitable conversation and have checked it with your teacher, be prepared to let the rest of the class listen to it.

a You are a student touring France on a limited budget. You arrive in a town and have to decide where to stay. If it's a hotel it must be cheap. You don't know whether there is a Youth Hostel. There is a municipal camp site, but you have only a small, lightweight tent. Go to the *Syndicat d'Initiative* and enquire about the possibilities. Basing your decision on the replies you receive from the assistant, you make up your mind to . . . .

b You are coming to the end of a fortnight's holiday with your family on a French campsite near a farm. You (and your parents) think it would be a good idea if you stayed on for another fortnight, working at the farm. You like this region very much. You like working in the open air and with animals. You want the opportunity to speak more French, so you go to the owner of the farm and make your request. A short informal interview takes place at the end of which the farmer tells you what he/she has decided.

c You are travelling by train to France and eventually arrive at the gare du Nord in Paris. The train is crowded and everyone is pushing and shoving. It is not until you are through the ticket barrier and out of the station that you discover that you have lost one of your suitcases. When the first wave of panic subsides you make your way to the *bureau des objets trouvés* and explain your problem. You can describe the case and you know what was in it. Anyway, it had a label with your name. You know that it was in the train at Boulogne. At the end of the conversation the clerk tells you whether or not the case has been found.

Speaking

Half a minute...

Prepare something on the following topics and, when asked, talk about any one of them to the class. Your talk shouldn't last for more than half a minute. Be sure to give as much information as you can in the time allowed.

a Moi — (personal details, name, age, where you live, height, colour of hair, date of birth, etc.)

b Ma famille — (details of brothers, sisters, parents, etc.)

c Ma maison/mon appartement — (size, location, rooms, etc.)

d Ce que je fais chaque matin — (getting up, dressed, etc.)

e La ville/Le village où j'habite — (size, location, amenities, places of interest, etc.)

f Mon collège — (subjects studied, favourite and least favourite, homework, etc.)

g Mes préférences — (food, music, entertainments, sport, etc.)

h Mes vacances — (past or future)

i Ce que j'ai fait hier soir

j Ce que je ferai samedi prochain

k Ce que je ferai l'année prochaine

Your teacher will suggest additional topics

108

Finding out

How would you ask in French

someone's name

where someone lives   how old someone is

what someone is doing   what colour something is

where something is   what time it is

how much something costs

how to get to a place

how you do something

if a place is far away or near

if someone will do something

if someone likes something

When you have suggested ways of asking these questions (and any more your teacher may give you) and have checked your suggestions with your teacher, practise them in class. You may either work in pairs, taking it in turns to ask various questions to your partner, or, as in *Half a minute* (page 108), one of you goes to the front of the class. He/she answers questions the rest of the class asks. Your teacher will decide how long each period of questioning lasts.

Describing a scene

Look at the following photos, then describe the scene, the
people and what is happening as fully as possible.

Describing a series of pictures

If practice in describing a series of pictures is required, those on pages 157–65 may be used.

Happenings

Look at the following pairs of pictures. In the first one
(Qu'est-ce qui se passe?), describe the scene and what is
happening.

Then look at the second one and answer the question
Qu'est-ce qui s'est passé? – that is to say, relate what *has*
happened.

1 Au collège
a Qu'est-ce qui se passe?

b Qu'est-ce qui s'est passé?

2 Un accident
a Qu'est-ce qui se passe?

b Qu'est-ce qui s'est passé?

Horaire

Look at the train timetable, discuss it with your teacher, then answer the questions.

Explication des signes

✗ *Service de restauration*

(B) *Sauf samedis, dimanches et fêtes*

					21 37		AMIENS
16 14	18 24	18 59	19 32	20 04	22 02	....	ARRAS (A)
16 30	18 40	19 16	19 46	20 19	22 18	....	DOUAI
17 04	19 20	19 57	20 18	21 08	22 59	....	VALENCIENNES
16 51	19 00	19 37	20 06	20 41	22 39	....	LILLE

(B)	✗		✗				
6 52	8 10	9 25	12 20	14 25	17 04	18 08	PARIS-Nord ....
7 59	9 15	10 40	13 25	15 36	18 11	19 28	AMIENS ....
8 26	|	11 16	13 58	16 09	18 47	20 02	ABBEVILLE ....
9 10	10 30	12 16	14 51	17 17	19 35	20 52	BOULOGNE ....
9 36	11 02	13 01	15 21	18 00	20 14	21 23	CALAIS-Ville ....

18 35	20 24	....	....			....	PARIS-Nord
19 44	21 37	....	....			....	AMIENS
20 17	22 10	....	....			....	ABBEVILLE
							BOULOGNE

1 Questions

a Les trains pour Calais partent de quelle gare à Paris?

b À quelle heure est-ce que le train qui quitte Paris à 8h 10 arrive à Amiens?

c ... et à quelle heure arrive-t-il à Boulogne?

d À quelle heure est-ce que le train qui quitte Paris à 12h 20 arrive à Calais?

e ... et combien de temps est-ce que ce train prend pour arriver à Calais?

f Quels trains ont un service de restauration?

g Quels jours de la semaine est-ce que le train qui quitte Paris à 6h 52 circule?

2 General questions

a Où va-t-on pour acheter les billets dans une gare?

b ... et pour laisser une valise?

c Préférez-vous le train ou le car quand vous voyagez?

d Comment venez-vous au collège le matin?

e Aimez-vous les autoroutes?

f Vous faites quelquefois des promenades à bicyclette? Où allez-vous?

À Nîmes

When you visit a French town you may well find a plan
displayed to help you find your way about. Look at this one,
then answer the questions.

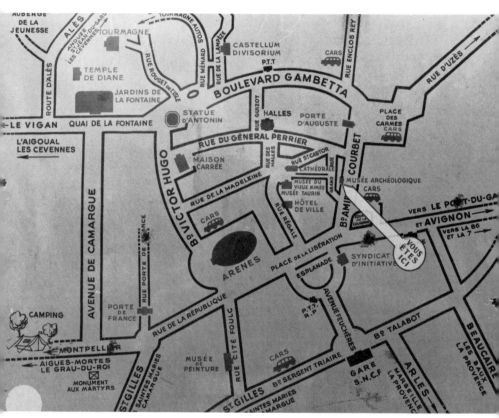

1 Questions

a Où se trouve . . .
la gare?
les Jardins de la Fontaine?
la Maison Carrée?
le Musée de Peinture?
le Syndicat d'Initiative?

b Dans quelle direction se trouve . . .
Avignon?
Marseille?
Anduze?

c You are at the Musée Archéologique *(Vous êtes ici)*. What directions would you give to someone wanting to go from there to . . .
la Cathédrale?
la Poste?
l'Hôtel de Ville?
la statue d'Antonin?
le camping?

2 General questions

a Quand allez-vous en ville, généralement?
b Qu'est-ce que vous y faites?
c Quels sont les bâtiments/les monuments principaux de la ville que vous habitez (ou d'une ville que vous connaissez bien)?
d Quels sont les principaux avantages de la vie en ville?
e . . . et les désavantages?

À l'auberge de jeunesse

If you go youth hostelling in France, you will need to interpret the information given in the handbook. Look at the material below, then answer the questions.

Angoulême 🏠 Ile de Bourgines Angoulême (16000-Charente). ⊢ 92 ✔ ❱ 🚂 2 km ☎ 45/924580.

Dinan 🏠 Moulin de Méen (Vallée de la fontaine des eaux). Dinan (22100-Côtes du Nord). ⊢ 70 ✔ ❱ ☎ 96/391083.

Sarlat ♠ 15 bis, avenue de Selves, Route de Périgeux, Sarlat (24200-Dordogne). ◘ 15.6-30.9 ⊢ 40 (+▲) ✔ 🚂 2 km ⌐◘(ⵏⵏ) ☎ 53/594759 (15.6-30.9).

St-Quentin 🏠 Boulevard Jean Bouin, St-Quentin (02100-Aisne). **X:** 22.00 h ⊢ 78 ✔ 🚂 2 km 🚌 3, rue H Dunant ⌐🏠e ☎ 23/626866.

Explication des signes

La taxe d'hébergement varie selon la catégorie de l'auberge, comme suit: 🏠 22.50F ♠ 19.00F ▲ 13.50F

◘ 1.5-6.7

AJ ouverte seulement du 1er mai au 6 juillet

X: 3.5-6.5

AJ fermée du 3 mai au 6 mai

▲ taxe de camping 6.00F (maximum)

✔ AJ pourvues de vaisselle, etc. Pas de taxes supplémentaires

⊢ nombre de places

❱ repas servis

🚂 gare (la plus proche)

🚌 autobus

⌐🏠e réservation à l'avance indispensable

⌐◘(ⵏⵏ) réservation à l'avance indispensable pour groupes

☎ numéro de téléphone

À Angoulême...

a Combien de places y a-t-il?

b Combien est-ce que cela coûte de passer une nuit à cette auberge de jeunesse?

c L'AJ se trouve à quelle distance de la gare?

d Si l'on veut manger, quelles sont les deux possibilités?

À Dinan...

e Combien de places y a-t-il?

f Est-ce qu'il y a plus de places ici qu'à Angoulême?

g Peut-on prendre des repas dans cette AJ?

h Quel est son numéro de téléphone?

À Saint-Quentin...

i À quelle heure est-ce que cette AJ ferme le soir?

j Elle se trouve à quelle distance de la gare?

k Quel est le numéro de l'autobus qui va à cette AJ?

l Qu'est-ce qu'il est indispensable de faire si l'on veut passer une nuit à cette AJ?

À Sarlat...

m Combien est-ce que cela coûte de passer une nuit à cette AJ?

n Quelle est son adresse?

o Quand est-ce qu'elle est ouverte?

p Il y a quarante places à cette AJ: qu'est-ce qu'on peut faire d'autre pour y passer une nuit?

q Pour qui la réservation à l'avance est-elle indispensable?

Maintenant...

r Expliquez à un ami les facilités offertes à l'AJ de Dinan.

s Quelles différences y a-t-il entre l'AJ de Dinan et l'AJ de Saint-Quentin?

t ... et entre l'AJ d'Angoulême et l'AJ de Sarlat?

À l'hôtel

Read this publicity notice for a French hotel, discuss it with your teacher, then answer the questions.

HOTEL DU MOULIN ★★★ NN

L'hôtel se trouve dans un village pittoresque de Provence au milieu d'une forêt de pins et au bord d'un vaste lac.
- 38 chambres dont
  24 chambres doubles avec bain
  14 chambres individuelles avec douche
- radio, télévision couleur
- ascenseur
- piscine chauffée
- bateau et planche à voile sur le lac

---

1 Questions
a Combien de chambres y a-t-il à l'hôtel?
b ... et combien de chambres individuelles y a-t-il?
c Dans vingt-quatre chambres on peut ...?
d Comment peut-on monter au premier étage?
e Qu'est-ce qu'on peut faire pendant ses heures de loisir à l'hôtel?
f ... et sur le lac?
g Qu'est-ce qu'un pin?

2 General questions
a La Provence se trouve dans quelle partie de la France?
b Êtes-vous jamais allé(e) à l'étranger?
c Combien de fois êtes-vous allé(e) en France?
d Comment vous amusez-vous, vous et vos camarades, quand vous êtes en vacances?
e Préférez-vous descendre à l'hôtel ou camper? Pourquoi?
f Où faut-il passer ses vacances pour être sûr d'avoir du beau temps?
g Parlez un peu des vacances que vous avez passées l'année dernière.

Writing

Joining a club

Imagine that you are staying in France with your penfriend. He/she is an active member of the local youth club and wants to take you along as well. The club rules say that before you can go, you have to become an official temporary member. How would you fill in this application form? (Don't write in the book!)

CLUB des JEUNES de VILLENEUVE

Demande d'adhésion temporaire

Nom: ....

Prénom: ....

Nationalité: ....

Âge: ....

Date de naissance: ....

Profession: ....

Intérêts: ....

....

....

Signé _____ le _____, 19___

Market research

Tourist centres often ask visitors to fill in a questionnaire about their stay.

Imagine that you are on a week's youth hostelling holiday in Provence with a friend. Although you are enjoying yourselves, you find there aren't enough hostels and restaurant meals are too dear. How would you fill in this questionnaire?

CHAMBRE DE COMMERCE ET D'INDUSTRIE D'ARLES

Vous avez choisi la Provence pour passer quelques jours de vos vacances.
Pour nous aider à mieux organiser votre accueil, nous vous proposons de répondre à ces quelques questions.

MERCI

* * * * * * *

1 D'où venez-vous? Pays ....

2 Quel est votre âge? ....

3 Quelle est votre profession? ....

4 Combien de personnes vous accompagnent? ......

5 Combien de temps pensez-vous rester en Provence?

6 Quel mode d'hébergement avez-vous choisi? ....

7 Critiques et suggestions pour améliorer votre séjour

....

....

Fill in the gaps (1)

In each of the following newspaper announcements, one word has been left out. Complete each one by choosing a single French word which is correct in both meaning and form.

a Subaqua club: entraînement tous _____ vendredis à 19h30.

b Tournoi de tennis de table: au gymnase _____ collège d'Ambert.

c Vélo pour ceux qui _____ le cyclotourisme: rendez-vous le samedi à 8h.

d Natation: cours de plongée demain à la _____ d'Issoire.

e Aéro-club: il n'y aura pas _____ réunion mensuelle au mois d'août.

f Tennis: tournoi annuel du 11 au 18 juillet, sur les _____ du stade municipal.

g Canoë-kayak: Marc Morotti et Alain Morotti ont _____ choisis pour participer au concours interrégional à Cosne.

h Club du 3ᵉ âge: la prochaine réunion aura _____ le jeudi 29 juillet.

i Concours de pêche à Marsac: le matin du 29 juillet à _____ de 8h.

j Bibliothèque municipale: ouverte tous les jours _____ lundi de 10h à 13h.

Faites-nous vos remarques

While waiting at the checkout in a French supermarket, you are handed a slip of paper headed *Faites-nous vos remarques* which invites you to write down things you would like to draw to the management's attention. Write a short note, making the following points:

- the supermarket is a long way from the town centre
- there aren't enough places in the car park
- the supermarket's plastic (carrier) bags are too small and too dear
- customers have to wait too long at the checkouts
- the delicatessen is excellent; you like the pâtés especially
- the assistants are very polite; they helped you a lot

Pour un service encore meilleur ...

FAITES NOUS
VOS REMARQUES

....

....

....

....

....

....

....

Fill in the gaps (2)

In the following extracts, certain words have been missed out.
Rewrite each passage, filling the gaps as seems best to you.

1 *Interviews with two teenagers about being the eldest
child in the family.*

a 'Je _suis_ l'aînée de trois filles' nous _a_ dit
Régine, 'et ce n'est _pas_ toujours agréable. Bien sûr,
j'ai _même_ de liberté que mes _sœurs_ qui ont quatorze
et douze _ans_. J'ai le droit de _sortir_ le soir, d' _aller_
au cinéma _avec_ des copains.'

b Patrick regrette aussi parfois d'être né _le_ premier.
'Sous prétexte que je suis le _plus_ grand, je _dois_
être gentil avec _ma_ petite soeur. Chaque _jour_
que je sors, mes _sœurs_ veulent toujours _que_ je
l'emmène avec _moi_. Quelquefois je préfère _rester_ à
la maison plutôt que de jouer au chaperon.'

2 *A rising star*
Agnès _a_ 18 ans, un visage d'ange, de longs
cheveux châtains et beaucoup _de_ talent. En effet,
après _sa_ débuté au 'Club Rouge' où elle _jouer_ de
la guitare, elle vient _de_ enregistrer son premier
disque.

3 *First night excitement*
'Cette aventure est _pour_ moi un vrai conte de fées. Le
soir _de_ la première représentation, mes parents
étant là, ma mère n'arrêtait _pas_ de pleurer, mon
père était blanc d'émotion. Tout le _monde_ est venu
_à_ voir. Ce soir-là a été le _plus_ beau de _toute_
ma vie.'

4 *Youth hostel rules*

a Normalement on ne peut passer plus _de_ trois nuits
consécutives à _la_ même auberge.

b Il _doit_ arriver le soir avant l'heure fixée _est_ le
règlement.

c Il est _fort_ de fumer _dans_ les dortoirs.

5 *What are youth hostels?*

Les auberges de _jeunesse_ existent _pour_ aider les
jeunes _gens_ apprécier le voyage, _la_ nature et les
valeurs culturelles des villes. Les auberges varient
beaucoup _de_ un pays à l'autre _mais_ leurs
caractéristiques générales sont les mêmes; elles _offrent_
un hébergement _pour_ la nuit aux _garçons_ et filles
avec lavabos, toilettes et salle commune. On _y_
trouve aussi bien un endroit _où_ l'on peut _faire_ la
cuisine.

Êtes-vous bon témoin?

Choose one of the photos and study it for thirty seconds,
then close the book. Write a short description of the scene,
as though you are witness to some incident. Look especially
at the characters (their ages, what they are like, what they
are wearing, what they are doing, if they are alone or with
someone), where the scene takes place and any other details
you think are important.

Alternatively, look at the picture for thirty seconds, then
close your book and answer the questions your teacher will
ask you about the scene.

Leaving a note

You may need occasionally to write short messages in French, for example when staying with a penfriend. For practice, imagine that you have to leave the following pieces of information. Write a short note for each to say that ...

a the milk is in the fridge
b there is a letter for him/her on the table
c you have gone to buy some bread
d you have gone to post a letter
e you have telephoned the station: the train leaves at 9.15.
f Madame Pascal rang: she will ring again this evening
g you have toothache and have gone to the dentist's
h the girl at the bookshop rang: his/her book has arrived
i you have gone to town: you'll meet him/her at the *café de la poste* at 6 o'clock
j his/her dad rang: he'll be late home this evening – you'll eat without him

Writing a card (1)

You may also need to write short messages on cards, for birthdays or at other times. Try these:

a On holiday in Scotland. Weather excellent. You'll write soon.

b You're camping with the family. Lots of sun. Campsite very good.

c Arrived home this morning. Crossing calm but slow. You loved France!

d Happy Birthday! You hope he/she likes the present. You'll see him/her soon!

e Happy New Year! Thanks for the record, it's great! See him/her at Easter!

Writing a card (2)

Now write postcards to some French friends along the lines
suggested below:

a Say you're visiting London with your family and you've
bought a present for her. Say you'll post it tomorrow.

b Ask why he hasn't written: has he forgotten your
address? Say you hope his parents are well and tell him
your mother sends her best wishes.

c Say you're spending a day at the seaside with some
friends. You're having a picnic on the beach. Say you
received her letter yesterday and you'll write soon.

d Tell him you're in Boulogne for a few hours with your
class. Say one of the boys has got lost and everyone
(except you) is looking for him. Say you're writing this
card in a café.

e Say you missed the hovercraft at Calais because of a
strike and you arrived home five hours late. Say you'll
write a long letter tomorrow. Ask if she's found the
chocolates you left: it's a surprise. If not, they're on the
little table near the bed.

Fill in the gaps (3)

1 Hit-and-run driver caught

Mercredi _____, à 20h45, M Pierre Ampaud, habitant 141, _____ de Compiègne, au volant d'une _____, a heurté M Joël Dubois, 19 _____, habitant la Résidence Bellecourt, qui circulait à vélomoteur. Le conducteur de la voiture s'_____ arrêté, est _____ de son véhicule, et après _____ constaté que le cyclomotoriste _____ blessé à la main, est _____ à toute vitesse. M Dubois, dont le _____ est hors d'usage, a été transporté _____ l'hôpital. Il souffre d'une fracture à la _____. Une heure _____ tard, les gendarmes _____ réussi à retrouver l'auteur de l'accident. Il s'était sauvé _____ il avait pris sans autorisation la voiture de son père _____ n'était pas assurée.

2 Never too late

Je roulais _____ voiture, en pleine campagne, _____ j'ai été surprise par une panne d'essence. Voyant _____ ferme modeste, j'y vais dans l'espoir de _____ de l'essence. Je tombe sur un couple d'une cinquantaine d'_____ en train de s'occuper d'une _____ malade. Oui, ils ont de l' _____; oui, ils veulent bien m'en _____. Ils m'_____ aussi à prendre le café. Mon regard est attiré par _____ livres d'anglais sur une étagère de la _____. Je demande _____ lit ces _____. La fermière me répond que c'est _____. Intriguée, je lui _____ où elle _____ appris. 'Pas à l'_____, bien sûr, me dit-elle, car j'en suis _____ à 12 ans _____ travailler à la _____. J'ai appris dans les grammaires de mes _____, pour m'amuser, puis cela _____ a intéressée et j'_____ continué seule. Quand je _____ comprends pas un _____, je regarde dans le dictionnaire.'

Hints on answering questions

REMEMBER
- to look for the question word to see what information is required ... *where* something is, *why* someone has done something, *what* has been lost, etc.
Note: You may have to answer written questions using complete sentences, maybe not – your teacher will advise you about this. If you do answer in complete sentences, then ....

- use the same tense in your answer as the one in the question. Be specially careful with questions in the *perfect* tense.

- to use pronouns where possible, it's shorter and more natural to answer the question *Où est-ce que Michelle a pris le bus?* by saying *Elle l'a pris devant le supermarché* than to say *Michelle a pris le bus devant le supermarché.*

- to beware of questions including part of the verb *faire*. They usually need a different verb in the answer. For example: *Que font les trois garçons?* might have the answer *Ils regardent le match, Ils lavent la voiture,* etc.

FOR PRACTICE
- *start* the answers to these questions, remembering all these points (you obviously won't be able to *complete* the answers).
For example: Pourquoi aimes-tu les westerns?
          Je les aime parce que ....

a Où se passe cette scène?
b Comment s'appelle le cousin de Marius?
c Pourquoi la jeune fille pleure-t-elle?
d À quelle heure est-ce que la fête a commencé?
e Que voyez-vous à gauche?
f Combien de personnes y a-t-il?
g Où est-ce que les agents ont attrapé le voleur?
h Qu'est-ce qu'on vend dans ce magasin-là?
i À qui est-ce que les filles parlaient?
j Quel est le grand bâtiment à droite?

Answering questions

Look at the following photos, then answer the questions.

1
a Où se passe cette scène?
b Combien de personnes voyez-vous?
c Que fait la jeune fille?
d Quelle heure est-il?
e Que voyez-vous à droite?
f Que faut-il faire pour aller aux autres quais?
g Décrivez la jeune fille.

2

a Où se passe cette scène?

b Quelles sortes de véhicules voyez-vous?

c Que fait l'homme en uniforme?

d Quels vêtements porte-t-il?

e Que font les autres personnes?

f Pourquoi croyez-vous que ces autres personnes viennent de faire un voyage?

3
a Où se passe cette scène?
b Quel temps fait-il?
c Combien de personnes voyez-vous?
d Qu'est-ce que l'homme à gauche est en train de faire?
e ... et l'homme à droite, que fait-il?
f Décrivez l'homme à droite.

4
a Combien de jeunes gens voyez-vous?
b Où sont-ils?
c Le jeune homme à droite, sur quoi est-il assis?
d Quels vêtements porte-t-il?
e Le jeune homme au centre, qu'est-ce qu'il est en train de faire?
f Décrivez la scène.

142

5
a Où se passe cette scène?
b Quel temps fait-il?
c Combien de personnes voyez-vous?
d C'est quoi, le bâtiment à gauche?
e Que voyez-vous devant ce bâtiment?
f Que porte la femme à l'épaule droite?
g Quels vêtements porte-t-elle?
h Décrivez l'homme à droite.

6
a Quelle est la profession de l'homme à gauche?
b Le livre qu'il tient à la main, qu'est-ce que c'est?
c Décrivez l'homme à droite.
d Où se trouvent les deux hommes?
e Que voyez-vous derrière les deux hommes?
f Pourquoi croyez-vous que l'homme à droite parle à
  l'homme en uniforme?

What do you think the man is saying to the policeman?
Write an imaginary conversation between them.

7

a Où se passe cette scène?

b Comment est la marchande?

c Que vend-elle?

d Décrivez l'homme à gauche.

e Pourquoi cet homme s'est-il arrêté près de la marchande?

What do you think the customer is saying to the market woman? Write down an imaginary conversation between them.

Hints on writing letters

Types

There are *three* main types of letters you will have to write –
1 To someone your own age, such as a penfriend.
2 To adults you know such as a penfriend's parents.
3 To adults you have never met and to whom you are
   writing with some request, such as a hotel manager.

Starting and finishing the letter

There are various possibilities here, depending on what sort
of letter you are writing.

In formal letters the French tend to be very formal indeed,
ending with long formulas of politeness.

Examples of how to start and finish a letter:

Start ...

type 1	type 2	type 3

Cher Alain
Chère Simone
Mon cher Roger
Ma chère Ghislaine
Salut!
Bonjour!
Cher ami
Chère amie
	Chère Madame
	Cher Monsieur
	Chers Madame
	    et Monsieur
		Monsieur
		Madame
		Madame la
		    Directrice
		Monsieur le
		    Principal
		DON'T use
		    abbreviations:
		M Mme Mlle

Finish...

type 1	type 2	type 3

Bien amicalement
Amitiés
À bientôt
Cordialement
Ton ami
Ton amie
Ton copain
Ta copine
Bien à toi
	Je vous embrasse
	    affectueusement
	Avec mes
	    remerciements
	Merci encore
	Bons baisers
		Avec mes
		    remerciements
		Je vous remercie
		    d'avance
		Veuillez agréer,
		monsieur/madame,
		l'expression de
		mes sentiments
		distingués

Note

Always use *tu* (ton, toi, etc) when writing to a penfriend.
Always use *vous* when writing formal letters.
It's normal to use *vous* as well when addressing adults you know well.

Inside the letter

What you write in your letter will obviously depend on why you are writing it and to whom. Here is some help for types of letters you may well find yourself having to write. Learn them and remember what sort of letters to use them in:

Asking for information

Peux-tu me dire ...?	Can you tell me ... ? (Type 1)
Dis-moi s'il te plaît	Please tell me .... (Type 1)
Je voudrais bien savoir	I'd like to know .... (Type 1/2)
Est-ce qu'il est possible de	Is it possible to ... (Type 1/2/3)
Est-ce que je peux te/vous demander de	May I ask you to .... (Type 1/2)
Veux-tu m'envoyer .... (Voulez-vous m'envoyer ....)	Will you send me ... (Type 1/2)
Pourriez-vous m'envoyer	Could you send me .... (Type 2/3)
Je vous serais très reconnaissant(e) de me fair savoir	I'd be very grateful if you'd let me know .... (Type 3)

Thanking people

Merci beaucoup pour (les magazines)	Thank you very much for .... (Type 1/2)
Je te/vous remercie de m'avoir envoyé	Thank you for sending me .... (Type 1/2)
Je vous suis très reconnaissant(e) de	I am very grateful to you for ... (Type 3)

Saying sorry

Pardonne-moi/ Pardonnez-moi de n'avoir pas écrit.	Forgive me for not writing. (Type 1/2)
Veuillez m'excuser de n'avoir pas téléphoné.	Please excuse me for not telephoning. (Type 3)

147

Other useful expressions

J'espère que	I hope that ....
Je suis très content(e) de	I am very pleased to ....
Ta lettre du 15 août m'est bien arrivée.	I've received your letter of 15 August.
Tu es très gentil(le) d'avoir pensé à moi.	It was very kind of you to think of me.
Écris-mois vite.	Write soon.
Je joins à ma lettre	I enclose ....
Veuillez trouver ci-joint....	Please find enclosed ....

Writing letters

1

> Châteauroux
> le 25 juin
>
> Cher Patrick,
>
> Merci pour ta lettre. Oui, tout va bien chez moi. La fin du trimestre approche (enfin!) et nous commençons les préparatifs des vacances. Quand est-ce que les grandes vacances commencent chez toi?
>
> Comme tu le sais, cette année nous allons partir en Italie, à Rome et à Venise. Maman a décidé que cette année on va descendre dans des hôtels au lieu de faire du camping comme d'habitude. Partiras-tu en vacances avec ta famille, ou avec des copains? Où iras-tu? Qu'est-ce que tu feras? Ecris vite pour me le faire savoir!
>
> Bien amicalement,
>
> Antoine

Imagine that you are Patrick and write a letter in response to Antoine's. Be sure to answer his questions.

2

Fontenay - le - Comte
le 24 avril

Chère Susan,
Je suis très mécontente de toi,
car je t'ai écrit voilà six semaines
et tu ne m'as pas répondu.
Pourquoi ? Quel est ton groupe de
chanteurs préféré ? Moi, c'est le
groupe suédois Abba.
Aujourd'hui le temps est très nuageux.
As-tu des animaux ? J'ai un petit
chat noir qui s'appelle Pixi.

A bientôt, écris-moi vite,
Ton amie,
Nathalie

Put yourself in Susan's place and write a letter in
response to Nathalie. Explain why you haven't
written and answer Nathalie's questions.

3

> J'ai 17 ans et voudrais correspondre avec filles et garçons de 16 à 17 ans pour lier amitié sincère et durable. J'aime la musique, les chats, les chevaux et la nature. Réponse assurée. Régine MOREL, Appart. 7, 11 rue Stanislas, METZ.

> J'ai 16 ans ½ et je désire correspondre avec filles et garçons de 16 à 18 ans de tous pays. J'adore les motos, le rock et le cinéma. Réponse assurée à toutes et à tous. Philippe CHARBONNEAU, 18 avenue Lecourbe, 17200 ROYAN

You have been sent from France some teenage magazines, in which you find these advertisements for penfriends. Decide which of the requests interests you most and write a letter to the person concerned introducing yourself and saying something about your own preferences and pastimes.

4 Write a short first letter to a penfriend whose name you have been given by your teacher. Tell him/her something about yourself, your family and the town or village where you live.

5 You have a new penfriend and want to find out more about him/her. You know that he/she is called Pascal/Pascale, is 16 and lives in Épernay. Decide what else you would like to know and write asking for the necessary information.

6 In October you receive a letter from your penfriend telling you what he/she did during the summer holidays. Write and tell him/her what you yourself did, including as much detail as possible.

7 Your penfriend is always mentioning by name certain friends (Roger, Anne-Marie and Jean-Luc) and you would like to find out more about them. Write asking him/her the various things you would like to know.

8 You receive a letter from your penfriend in which he/she describes a typical day at school, and, on behalf of his/her teacher and class, asks you to write back describing a day at your school.

9 You are planning a trip to central France and have decided to stay at the small town of Argenton-sur-Creuse. Not being too well-off, you want a modest hotel, such as the Hôtel Beauséjour, which has one star.

```
              4, avenue de verdun

ARGENTON-SUR-CREUSE
✉ 36200 ☎ (54)
      ** Hôtel Central, ✕**          24-10-17
         2, avenue Rollinat
      ** Hôtel du Cheval Noir, ✕*     24-00-06
         27, rue Auclair-Descottes
      ** Hôtel Le Manoir de Boisvillers  24-13-88
         11, rue Moulin-de-Bord
       * Hôtel Beauséjour              24-12-91
         Place de la République
       * Hôtel de France, ✕**          24-03-31
         8, rue Jean-Jacques Rousseau
       * Hôtel de la Gare
         et Terminus, ✕*               24-10-81
```

Write to the proprietor for information.
- Ask if there is a room free from 17 to 24 August.
- Ask if it is possible to have a room with a shower.
- Ask the price of the rooms.
- Ask if the hotel is far from the town centre.

10 You are planning a camping holiday in the Loire
Valley and are attracted by the following details of
a site at Chisseaux, a small village near Bléré.

CHENONCEAUX N. 76
316 h. ♿ ★ ★★★ ✉ 37150 Bléré
Camping municipal « la Fontaine des Pr
de « l'Arabe » - Tél. →(47) 29-90-13

CHINON N. 751
8 303 h. ♿ ⛺ ✚ ★ ★★ ⛵c ▭ ▢ S.V. ⊠
Camping municipal, Ile Auger - Tél. (47)

CHISSEAUX N. 76 - D. 80
618 h ♿ ⛺ ✚ ✉ 37150 Bléré
Camping municipal, rue de l'Écluse
Tél. → (47) 29-90-75 et → 29-93-97

CHOUZÉ-SUR-LOIRE N. 152
2 255 h. ♿ ⛺ ✚ ★ ✉ 37140 Bourgueil
Camping municipal de la Plage, N. 152
Tél. →(47) 95-10-10

CINQ-MARS LA PILE N. 152 - D. 34 - D
2138 h. ♿ ⛺ ✚ ★ ✉ 37130 Langeais
Camping du Parc, route Mazières

CINRAY-DE-TOURAINE N. 76 - D. 81

Write to the manager of the site (let's call him M
Fierbois), saying that you are going to spend a
fortnight in the region. Ask if there are any pitches
free between 31 July and 14 August. Tell him how
many persons there are and how many tents. Ask
him for an indication of the prices.

11 Your family has come into some money and has
decided to spend the summer holidays in
Switzerland. You intend to drive there and require a
hotel at which to stay overnight on the way. You
have been given this brochure.
Write and book on behalf of your family.

- Ask if there are rooms free on the date you require.
- Say how many people will be in the party and
  specify what sort of rooms they will require (e.g.
  single, double, with/without shower, etc.).
- Ask the price of the rooms.
- Ask if breakfast is included in the price.

Hints on writing picture essays

1 Preparation

Look at the pictures carefully and decide on the main points of the story, noting also any details which it would be useful to include (the time, what someone is wearing, the weather, etc.).

Give the characters in the story names (*M Massard, Anne, Robert,* etc.).

Decide whether you are going to write in the present or the past tense. (Look and see whether there are any instructions about this on the examination paper.)

Note down, in French, picture by picture, the main things to be said. Some expressions you have learnt will be useful in most essays and may well fit with more than one picture (e.g. *décider de, commencer à, le plus vite possible*). Decide which picture to use them with in this essay.

2 Writing the essay

Start by saying *when* the events took place (e.g. *hier, l'été dernier, pendant les vacances de Noël*).

You will get credit for the correct use of a variety of tenses. So if your essay is in the past tense, include some conversation in the present. (Decide whether the characters will call each other *tu* or *vous* before you write anything down).

Use simple linking words and phrases to keep the story moving (e.g. *puis, ensuite, une demi-heure plus tard*).

Expand some of your sentences with a clause introduced by words such as *quand, parce que* and *pendant que* (e.g. *Pendant qu'ils parlaient, Marie est entrée*). This often gains a bonus mark.

Try not to repeat yourself or put things in a needlessly long way. For example, although you may wish to begin by mentioning *M et Mme Martin et leurs enfants, Florence et Jean-Paul,* just use *les Martin* or *ils* later in the essay.

As you write, keep a note of the number of words you have used. You will lose marks by writing less than the total indicated and gain nothing by writing more.

REMEMBER: if there is something you don't know (or have forgotten how to put in French), leave it out altogether and include instead something you *can* say. Nothing creates a worse impression than the odd English word put in to plug a gap!

3 Checking

Leave yourself 5 or 10 minutes to revise what you have written. As many marks are lost from carelessness as from ignorance.

Don't try and check for everything at once: this is a sure way to miss seeing mistakes. Instead, go through several times, looking for a specific point each time. For example, first make sure that all verb endings match their subject, then check that all adjectives agree with the noun they describe, and so on.

Picture essays

1 Une journée à Paris

2 Allons au cinéma!

3 Un accident de rue

4 La visite-échange (1): En France

5 La visite-échange (2): En Angleterre

6 One good turn

7 À la disco

8 Girl meets boy

9 A lucky find

Continuing a story

a Vous regardiez la télévision un soir, quand on a sonné à la porte. Quand vous avez ouvert, vous avez trouvé devant la porte une grosse boîte enveloppée de papier. Vous l'avez portée à l'intérieur pour l'ouvrir . . . .

b À votre collège, les élèves font une fois par semaine du service communautaire. Un jour on vous demande de rendre visite à une vieille dame qui habite seule. En arrivant vous sonnez, mais personne ne vient ouvrir. Vous croyez cependant entendre quelqu'un à l'intérieur de la maison . . . .

c Vous recevez un coup de téléphone. En levant le récepteur, vous entendez une voix qui vous dit: 'Bonsoir, mademoiselle/monsieur, j'ai grand plaisir à vous annoncer qu'à la loterie municipale, vous avez gagné le premier prix de 5 000 francs.'

d Vous étiez en classe un jour quand un(e) de vos camarades, que vous croyiez absent(e), est entré(e). 'Mais pourquoi arrives-tu tellement en retard?' a demandé le professeur. 'Excusez-moi, monsieur,' a dit votre camarade, 'je peux tout expliquer . . . .'

e Un de vos camarades vous a raconté cette histoire: il était tout seul à la maison, écoutant la radio locale, quand soudain on a interrompu la musique pour annoncer qu'un tigre venait de s'échapper du zoo. Juste à ce moment-là, votre camarade a entendu un bruit étrange comme si quelque chose bougeait dans le jardin . . . .

f Agent de police: Mademoiselle/monsieur, vous êtes le seul témoin de cet accident. Voulez-vous me raconter ce qui s'est passé?

Vous: Eh bien, il était environ dix heures du soir . . . .

g Douanier: Vous avez quelque chose à déclarer?
Voyageur: Non, absolument rien.
Douanier: Ouvrez vos valises ... mais il y a au moins cent montres dans celle-ci!
Voyageur: Mais ....

h Mère: Mais Michel, qu'est-ce qui s'est passé? Te voilà tout trempé et il ne pleut même pas!
Michel: Euh, maman, j'ai eu un petit accident ....

Starting a story

Write short compositions of which the following are the *last* words:

a ... et tout le monde a commencé à rire!
b ... et il est rentré sain et sauf à la maison.
c ... et on m'a donné 5 000F de récompense.
d Je crois que je ne la reverrai jamais, cette fille.
e ... mais à la dernière minute ils ont réussi à s'échapper.
f 'Je ne retournerai jamais dans ce village!' s'est-elle dit.
g '... et si tu reviens, je te casserai la figure!' m'a-t-il crié.
h Jamais je n'avais eu si peur.
i '... mais je vous répète, ce n'est pas moi le voleur!' a-t-il dit à l'agent.
j Elle m'a regardé en souriant. 'Voilà comment je suis devenue si célèbre,' a-t-elle dit.

Teacher's tapescript

The tapescripts for the listening comprehension exercises are given here. Where items are read *twice,* this is indicated below the title of the exercise. In all other cases the material is read once only. It is suggested that teachers play the exercises in the way they estimate to be best suited to the needs of their class, and operate the *pause* and *rewind* facilities on their machine as appropriate.

News headlines (page 64)

Each item is read twice.
1 Quatrième chaîne de TV: elle sera ouverte l'an prochain.
2 Un billet de 200F va être émis par la Banque de France.
3 Catastrophe aérienne aux États-Unis: un Boeing 727 de la Panam s'écrase: vingt-cinq morts.
4 Tour de France: Bernard Hinault a repris la deuxième place après l'épreuve contre la montre.
5 Essence plus chère à compter du 12 juillet en France.
6 Avec 12 428 morts et 334 283 accidentés de la route en 1981, la France se classe au troisième rang de l'insécurité routière en Europe, derrière le Portugal et l'Autriche.
7 Grève à la SNCF et dans les compagnies aériennes françaises au moment du départ de juillet.
8 Incendies de plus en plus nombreux dans le Midi, avec la sécheresse.
9 Orages dévastateurs en Seine Maritime et dans l'Eure: de nombreuses routes ont été inondées.
10 Record mondial des cambriolages à Paris: vingt-six pour mille habitants.

Understanding directions (1) (page 65)

1 'Le cinéma Roxy? Attendez voir: c'est la première à gauche, la deuxième à droite, et vous verrez, c'est en face de la piscine.'
2 'Le syndicat d'initiative? Voyons, c'est près de la gare, alors vous prenez la deuxième à droite et vous allez tout droit jusqu'au bout de la rue. Ça fait à peu près cinq cents mètres d'ici.'
3 'La Poste? Oh là là, la Poste c'est assez loin. Vous y allez à pied? Alors, euh, vous suivez l'avenue du Maréchal Foch et quand vous arrivez à l'école primaire, alors vous tournez à droite et vous verrez la Poste sur votre droite.'

4 'Le stade? Il est à deux kilomètres d'ici environ, il vaut mieux prendre l'autobus. Le 34 est celui qui va au stade et vous avez un arrêt du 34 de l'autre côté de la rue, près de la pharmacie qui est au coin.'
5 'La Maison des Jeunes? Euh, je ne suis pas très sûre où c'est … Je crois que c'est près de la place Jean Moulin, mais vous feriez mieux de regarder le plan de la ville. Justement il y en a un en face de la gare.'

Understanding directions (2) (page 66)

Each item is read twice
1
a 'La consigne? Regardez, c'est là-bas, à côté du buffet, en face du quai numéro trois.'
b 'Le bureau du chef de gare c'est au premier étage. Vous prenez l'escalier là-bas et en haut vous tournez à droite.'

2
a 'Le bureau de change? Vous traversez le hall, vous passez les portes vitrées et vous le verrez sur votre droite.'
b 'Les renseignements sont dans l'entrée principale, près du stand Air France. Vous verrez le panneau avec 'Renseignements' écrit dessus.'

3
a 'Les toilettes, c'est au fond. Vous prenez l'escalier et en bas c'est à votre gauche.'
b 'Je suis désolée, mais le téléphone est en panne. Mais si vous sortez, il y a une cabine téléphonique à peu près cinquante mètres sur votre gauche.'

Where to camp (1) (page 66)

Et puis notre opération Camping Service: un numéro de téléphone est toujours à votre disposition si vous cherchez des emplacements libres sur les terrains de camping et de caravaning. Il suffit d'appeler le 306 13 13 tous les jours de sept heures à vingt et une heures.

Traffic information (page 67)

1 Toutes les routes menant à Sète sont coupées.
2 Les derniers encombrements se sont résorbés maintenant sur l'autoroute A7.
3 À la suite d'un accident un bouchon de cinq kilomètres s'est formé à la hauteur de Beaune.
4 Il y a une attente de 40 minutes au péage de Narbonne.
5 Déviation avant le Pont de l'Aquitaine due à un accident.
6 Routes secondaires impraticables. Prenez les grandes routes si vous devez conduire cette nuit.
7 La circulation: ce matin ralentissement aux sorties sud de Paris sur les autoroutes A6 et B6 à la suite de travaux.
8 Sur l'autoroute A10, au dernier échangeur avant Bordeaux, sortie impossible vers la N113 à cause de travaux.

Announcements (1) (page 68)

1
a Le train express à destination de Lyon partira à 18h 48 de la voie F.
b Le train rapide 5754 en direction de Bordeaux va partir de la voie numéro cinq. Veuillez fermer les portières, s'il vous plaît.
c Le train *TGV 715 à destination de Marseille partira à 16h 22 de la voie numéro 12.
d Le train TGV 834 en direction de Paris va partir de la voie B. Prenez garde à la fermeture automatique des portières!

   *TGV = Train à Grande Vitesse

2
e Arrivée du vol Air Inter 581 en provenance de Paris-Orly.
f Air France annonce le prochain départ à destination de Londres du vol Air France 165. Formalités de départ salle 26.
g La compagnie Alitalia informe que l'arrivée du vol Alitalia 780 en provenance de Rome est retardé et attendu vers 22h 30. En conséquence le départ du vol Alitalia 781 à destination de Rome est retardé et prévu pour 23h 00.
h La compagnie Swissair annonce le départ immédiat du vol Swissair 435 à destination de Zurich. Les passagers sont priés de se rendre immédiatement à la porte numéro trois.

A holiday remembered (page 68)

Section 1
Il y a plusieurs années quand j'étais très petit, nous sommes allés en Espagne avec mes parents et ma soeur. Nous sommes allés en voiture et nous sommes allés à Barcelone. Nous avons aussi rendu visite à des amis espagnols.

Section 2
Je me souviens que, à l'hôtel le soir je ne pouvais pas dormir parce qu'il y avait trop de bruit dans la rue sur laquelle donnait notre chambre. Les Espagnols aiment se coucher très tard le soir … ils mangent vers 10 heures du soir et restent éveillés jusqu'à deux heures du matin. Et comme c'était en été, il faisait très très chaud aussi et il était difficile de dormir à cause de cela.

Who is speaking? (1) (page 69)

Each item is read twice.
a 'Bonjour monsieur, le plein s'il vous plaît.'
  'Oui, c'est de l'ordinaire ou du super?'
b 'Vous avez une chambre pour ce soir, s'il vous plaît?'
  'Oui, je crois qu'il en reste une seulement.'
c 'Est-ce qu'on peut visiter tout le château?'
  'Non, l'aile droite est encore occupée par la famille.'
d 'Monsieur, s'il vous plaît?'
  'Oui, je voudrais un kilo de cerises, s'il vous plaît.'
e 'Billets, s'il vous plaît.'
  'Voilà. Vous pourriez me dire quand est-ce qu'on arrive à Paris?'
f 'Bonjour monsieur. Qu'est-ce que vous voulez?'
  'Deux baguettes bien cuites s'il vous plaît.'

Where are they? (page 70)

Each item is read twice.
a 'Pardon madame, je voudrais changer de l'argent, s'il vous plaît.'
  'Oui, vous avez votre passeport?'
b 'Est-ce que je peux laisser mes valises, s'il vous plaît?'
  'Oui, mais souvenez-vous que la consigne ferme à six heures.'

c 'Vous avez de la place pour trois nuits?'
   'Oui, il reste de la place au fond du champ près de la rivière.'
d 'Qu'est-ce que vous recommandez?'
   'Eh bien, je peux vous recommander le plat du jour: il est très
   bon.'
e 'Est-ce que je pourrais avoir les horaires des autocars qui vont
   à Vernay-les-Bains, s'il vous plaît?'
f 'Vous avez quelque chose contre les piqûres de moustique?'
   'Oui, vous le voulez en crème ou en bombe?'

Holiday plans (page 71)

Section 1
'Bernadette, qu'est-ce que tu vas faire cet été?'
'Eh bien comme d'habitude je vais d'abord commencer par
descendre à Perpignan, et je vais faire ça en petites étapes.
M'arrêter d'abord à Londres, voir une amie, une copine anglaise,
puis à Canterbury voir une amie française qui habite là depuis
longtemps. Et puis je compte passer quelques jours à Paris.'

Section 2
'Comment tu vas traverser?'
'En bateau, train et bateau.'
'Oui.'
'Et je passerai quatre ou cinq jours à Paris chez des amis qui
pourront me loger.'
'Ça prend combien de temps, Paris-Perpignan?'
'Ça prend toute une nuit, ou toute une journée.'
'Alors tu pourras y aller de nuit?'
'Oui, oui. Je préfère ça.'

Jean-Marie remembers his schooldays (1) (page 71)

Section 1
Le lycée auquel je suis allé s'appelle le Lycée Marseilleveyre.
C'est un beau lycée, qui est situé pas très très loin de la maison où
j'habitais. Il est entouré d'arbres, des pins. C'était assez vaste. Il
y avait un bâtiment pour la classe de sixième, la classe de
cinquième, de quatrième et de troisième et un autre bâtiment
pour la classe de seconde, de première et de terminale.

Section 2

Il y avait aussi un bâtiment pour les travaux manuels, comme le travail du bois et le travail du fer, mais aussi la cuisine et la couture .... Je suis allé à ce lycée à l'âge de 11 ans et je suis resté jusqu'à l'âge de 19 ans, car j'ai redoublé une classe, la classe de cinquième.'

Un bulletin météo (page 72)

1 Aujourd'hui il pleut sur les régions de la moitié est. De fortes pluies sur le sud du Massif Central et bientôt de fortes pluies sur le sud des Alpes. Ces pluies s'éloigneront vers l'Allemagne et le nord de l'Italie dans l'après-midi.

2 Dans la nuit de samedi à dimanche le vent soufflera un peu plus fort sur la côte atlantique. Il viendra du sud.

3 Demain matin il pleuvra dans l'extrême sud-est, de la Provence à la Corse, mais ces pluies matinales seront suivies d'une belle journée. En effet, il fera du soleil demain après-midi dans toutes les régions.

4 Le soir, l'ensemble des régions de la moitié ouest sera sous les nuages. De l'autre côté, à l'est, le temps chaud, le soleil et le vent du midi persisteront jusqu'au soir.

Phone messages (page 73)

1 'Allô John, ça va? Écoute, j'arrive jeudi comme prévu, je serai à Londres à six heures et demie du soir. Je t'attendrai sous la grande horloge dans le hall d'arrivée, c'est bon? D'accord, à jeudi, alors!'

2 'Allô Mary? Je te téléphone parce que l'heure d'arrivée de l'avion a changé. J'arriverai à onze heures et quart du matin et pas à dix heures et quart, tu comprends? Mais c'est pas la peine de venir me chercher, je prendrai un taxi.'

3 'Allô Peter? Je téléphone pour dire que je prendrai pas le bateau: il y a une grève. Oui, oui, il y a une grève à Calais, alors je prendrai l'hovercraft qui part de Calais à midi et j'arriverai à Ramsgate à une heure moins vingt. Tu as compris?'

4 'Allô, est-ce que je pourrais parler à Jean s'il vous plaît? Ah, il n'est pas là? Est-ce que vous pourriez lui dire quelque chose de ma part? Oui, c'est les examens: on vient d'avoir les résultats, mais je préférerais lui parler personnellement. Est-ce qu'il pourrait me rappeler dès qu'il rentre?'

Booking by phone (page 74)

1 'Vous voulez une chambre avec salle de bains? Ah, ce n'est pas possible, elles sont toutes prises, mais vous pouvez avoir une chambre avec douche si vous voulez, il n'y a pas de problème.'

2 'Vous voulez savoir s'il y a de la place dans l'auberge de jeunesse pour le mois de juillet. Attendez, je regarde... oui, c'est bon, il y a encore de la place pour la semaine qui commence le 19. Voulez-vous m'écrire tout de suite pour confirmer?'

3 'Oui, le gîte sera libre pour la dernière quinzaine d'août. Vous savez, c'est pour quatre personnes seulement. C'est à deux kilomètres du village à peu près, mais vous pouvez acheter les oeufs et le lait à la ferme.'

Explanations! (page 75)

'Où étais-tu?'
'Mais j'étais au café avec tous les copains et puis j'ai raccompagné Michelle chez elle, puis j'ai parlé un peu avec ses parents....'
'Mais enfin tu sais quelle heure il est?'
'Non, je n'ai pas ma montre sur moi. Et je n'avais pas faim, alors je ne savais pas que c'était l'heure du dîner.'
'Mais enfin je prépare un repas pour tout le monde. Si tu n'en veux pas tu n'as qu'à aller manger au restaurant....'
'Oh mais quand même tu ne vas pas faire tout un drame.'
'Il faut quand même que tu apprennes à savoir quelle heure il est!'
'D'accord, je te promets que je n'enlèverai plus ma montre, que je dormirai avec, ça va? D'accord.'

Colette talks with her father about her day at school (page 75)

Section 1
'Bonsoir.'
'Bonsoir. Ça s'est bien passé à l'école aujourd'hui?'
'Euh oui, pas mal.'
'Tu as eu des résultats, des interrogations?'
'Oui, j'ai eu quatorze.'
'Quatorze? Ah mais c'est mieux que la dernière fois!'
'Oui, il était assez content, le prof....'

Section 2
'... Et puis on a bien joué à la récréation, et puis c'était bon ce qu'on a mangé ce midi.'
'Qu'est-ce que t'as mangé, dis?'
'Il y avait des bouchées à la reine.'
'Des bouchées à la reine? À la cantine? Qu'est-ce qu'il y avait dedans?'
'Ah je ne sais pas, c'était de la sauce blanche tu sais.'
'C'était les restes d'hier, sans doute!'
'Oui, peut-être.'

Section 3
'Et puis l'après-midi qu'est-ce que tu as fait? Tu as fait du sport, non, cet après-midi?'
'Oui, c'est ça, oui. On a juste fait un match de hand-ball.'
'T'as gagné?'
'Non, on a perdu.'
'Eh bien tu gagneras la prochaine fois. Tu as beaucoup de travail ce soir?'
'Non, je les ai déjà faits, mes devoirs.'
'Comment ça, tu les as déjà faits?'
'Oui, on nous les a donnés la semaine dernière, je les ai faits ce weekend.'
'Mais, c'est bien, tu commences à t'organiser, dis.'

Philippe talks about his home in Marseille (page 76)

Section 1
'J'ai une soeur, qui est étudiante. Elle fait du chinois, et elle est en

Chine en ce moment. Mes parents étaient dentistes. Nous avons une assez grande maison dans le quartier sud-est de Marseille.'

Section 2
'Il y a trois pièces au rez-de-chaussée, et une salle de séjour que nous avons rajoutée quand nous avons acheté la maison. Et au premier étage il y a quatre pièces. Il y a un assez grand jardin avec des arbres. Il n'y a pas beaucoup d'herbe, parce qu'il fait très chaud dans le sud de la France et il est très difficile d'entretenir une pelouse.'

Section 3
'Le jardin est entouré de hauts murs, ce qui fait qu'on est assez isolés. J'aime bien l'isolement. Il y a quelques années on a construit des immeubles pas très loin, mais les hauts murs nous cachent un peu des immeubles, donc on ne voit presque rien.'

Jean-Marie remembers his schooldays (2) (page 76)

Section 1
'La journée au lycée ... on commençait à huit heures et demie et on finissait à onze heures et demie. En fait les horaires n'étaient pas toujours les mêmes. Quelquefois on commençait à huit heures et demie et on finissait à midi et demi. Quand le matin on finissait à onze heures et demie, on reprenait l'après-midi à une heure et on finissait à cinq heures. Et quand on finissait à midi et demi le matin on recommençait à deux heures l'après-midi et on finissait à cinq heures. Ce qui fait qu'on avait sept heures ou huit heures de cours pendant la journée.'

Section 2
'Il y avait aussi des récréations: le matin il y avait une récréation d'environ un quart d'heure, il me semble.
'Les matières que j'aimais bien, c'étaient les langues. J'aimais bien l'anglais, j'aimais bien l'allemand aussi. La matière que je n'aimais pas du tout, parce que j'avais beaucoup de difficultés, c'était les mathématiques. Les mathématiques, vraiment, c'était toujours mon grand problème. Je me souviens que, quand j'étais tout petit, maman essayait de me faire comprendre mes soustractions, mes divisions ... Et ça, c'était difficile, difficile à comprendre.'

Football results (page 77)

Section 1
En football Bordeaux sans pitié pour les champions de France hier soir: pour la première journée de Première Division les Bordelais ont battu Monaco trois-un. Sochaux, battu trois-un également à Laval, et Saint-Étienne dominé deux-un à Bastia, ont mal commencé la compétition.

Section 2
Les autres résultats: Toulouse a battu Strasbourg trois-un, Paris St-Germain a battu Rouen un--zéro. Lens a battu Nancy deux-un. Brest a battu Tours quatre à deux et Metz a battu Lille deux-zéro. Match nul entre Mulhouse et Nantes, un but partout. Un–un également entre Lyon et Auxerre.

Who is speaking? (2) (page 78)

Each item is read twice.
a 'Le casino, monsieur? Mais c'est tout près. Tenez, je vous donne un plan de la ville.'
b 'Je vous ai fait le plein, monsieur. L'huile, ça va?'
c 'Deux pieds de porc et une tranche de pâté .... C'est tout, madame?'
d 'Pouvez-vous dire à nos auditeurs comment vous vous sentez maintenant que vous avez gagné le championnat?'
e 'Oui, je vois où vous vous êtes fait mal. Je vais vous mettre un pansement.'
f 'Ah non, Marcel, tu n'as pas encore fait tes devoirs? Alors cette fois je préviens monsieur le principal!'
g 'Mesdames et messieurs, je vous prie d'attacher vos ceintures: l'atterrissage aura lieu dans cinq minutes.'
h 'Non, madame, pour changer des chèques de voyage, il faut vous présenter à la caisse, là-bas.'
i 'Il y a beaucoup de monde en ce moment, vous savez. Je ne peux vous offrir qu'un tout petit emplacement là-bas, à côté du bloc sanitaire.'
j 'Oui, on va profiter du beau temps pour couper le blé. La récolte sera bonne cette année.'

Where to camp (2) (page 80)

Section 1
Notre opération Camping Service avec les dernières informations communiquées par la Direction du Tourisme. Les campeurs et les caravaniers rencontrent des difficultés pour trouver des places libres au bord de la mer Méditerranée et de l'Océan Atlantique, mais de nombreux emplacements restent disponibles à quelques kilomètres des côtes seulement.

Section 2
Aujourd'hui il est particulièrement conseillé aux vacanciers de s'informer sur le degré d'occupation des terrains de camping s'ils sont dans les départements de Charente-Maritime, des Landes et de l'Hérault. Mais pour plus de précisions appelez France Inter 'Inter-Loisirs' 306 13 13 ce soir jusqu'à dix-neuf heures et lundi à partir de sept heures.

An embarrassing incident (page 80)

Section 1
'Cette petite mésaventure m'est arrivée en Allemagne. J'étais à la piscine, et j'avais envie d'aller aux toilettes, et, euh, je me suis enfermé dans les toilettes et ensuite je n'arrivais pas à ressortir des toilettes. Je n'arrivais pas à ouvrir la porte, euh, et il y avait un petit espace sous la porte et j'ai essayé de passer sous la porte pour sortir des toilettes.'

Section 2
'Mais pas possible. L'espace était trop petit pour me laisser passer, alors j'ai tapé contre la porte et j'ai essayé avec les quelques mots d'allemand que je connaissais, j'ai essayé d'expliquer que j'étais enfermé. Heureusement à la fin on a réussi à ouvrir la porte.'

French people talk about themselves (page 81)

1 'Je m'appelle Catherine, je suis née le vingt et un octobre 1948; et j'ai habité en France jusqu'à l'âge de 21 ans et maintenant j'habite en Angleterre. Je mesure 1m 74 et je pèse 61 kg. J'ai les yeux bleus et les cheveux blonds et je porte généralement des pantalons. Mon père est anglais et ma mère est française.'

2 'Je m'appelle Julie, j'ai 26 ans. J'ai les cheveux noirs et je suis
du type méditerranéen avec les yeux noirs et la peau mate.
J'aime la musique, les chats et les fraises. J'habite dans une
petite maison avec un jardin et j'adore jardiner et faire
pousser des fleurs et des légumes.'

3 'Je m'appelle Jean-Luc. J'ai 29 ans et demi. Je suis né à
Avignon dans le midi de la France, en Provence. Je suis arrivé
en Angleterre en septembre 1980. J'ai d'abord travaillé
pendant quelques semaines à Glasgow avec des étudiants qui
repassaient leurs examens de français, et après, j'ai été
assistant dans le Yorkshire.'

Find the answer (page 82)

Each item is read twice.
a 'Pourquoi t'es-tu levé si tard?'
b 'C'est combien pour envoyer une lettre en Angleterre?'
c 'Je crois qu'on est complètement perdus.'
d 'Comment passes-tu tes heures de loisir?'
e 'Il y a longtemps que vous habitez cette ville?'
f La semaine dernière on a volé de l'argent dans la maison de
Mme Bernard. La police cherche encore les coupables.
g Madeleine Hubert est tombée de vélo. Elle est gravement
blessée au visage.
h Au grand concours de pêche dimanche dernier, Annie
Sauvignon s'est classée troisième sur 40 concurrents.
i Marcel Duval est arrivé à la maison ce soir sans voiture. Il en
avait perdu les clefs.
j Au cours de notre promenade à la campagne il a plu très fort:
on s'est bien amusés quand même.

Where to camp (3) (page 83)

Opération Camping Service: voici les dernières informations
communiquées par la Direction du Tourisme. Les campeurs et les
caravaniers rencontrent des difficultés pour s'installer dans
toutes les régions touristiques. En Bretagne, très peu
d'emplacements sont libres sur la Côte d'Émeraude, dans le
Golfe du Morbihan et près de Quiberon. Dans la région
d'Aquitaine les terrains sont chargés sur tout le littoral et enfin
dans le département du Gard il ne reste quasiment plus de places

au bord de la mer Méditerranée. Pour tous renseignements
appelez le 306 13 13 jusqu'à vingt et une heures et demain à partir
de sept heures.

Announcements (2) (page 84)

Each item is read twice
1 Du 2 août au 25 août inclus, la mairie ne sera ouverte que
   l'après-midi de 15h à 16h, les mardis et vendredis.
2 Dimanche 15 août: à partir de 14h, grande course cycliste,
   toutes catégories. 21h, grand bal salle des fêtes.
3 À partir du 27 septembre, la bibliothèque municipale sera
   ouverte tous les vendredis de 13h à 17h. Les heures d'ouverture
   des autres jours restent inchangées. À savoir: mardi, mercredi
   et jeudi de 14h à 18h; samedi de 8h à 12h.
4 Club de l'amitié. Le club organise une promenade sur l'Erdre à
   bord d'un bateau, pendant quatre heures et demie. Tout en
   mangeant on peut admirer un magnifique paysage émaillé de
   beaux châteaux. La journée ne coûtera que 160F, croisière,
   repas et trajet compris.

An unpleasant experience (page 86)

Section 1
Une vieille dame est restée 24 heures dans le placard de sa
chambre où elle avait été enfermée par un cambrioleur. Vendredi
vers 18h 30, Mme Germaine Lefèvre, 87 ans, avait refusé, malgré
la menace d'un couteau, de livrer ses économies au cambrioleur à
qui elle avait ouvert la porte.

Section 2
Elle a alors été enfermée dans le placard de sa chambre pendant
que l'homme fouillait l'appartement. Mme Lefèvre a été délivrée
samedi à 18h 45 par son fils, et ne semble pas avoir souffert de sa
mésaventure.

A misunderstanding (page 86)

'Une des différences entre le français et l'anglais, écrit, c'est la
façon dont on écrit les numéros, en particulier le un et le sept. Le
sept anglais est un peu comme le un français, et le sept français il
a une barre au milieu. Alors en Angleterre on met des notes pour

181

le laitier, le matin, pour les bouteilles de lait. Un jour je voulais une bouteille de lait supplémentaire, j'en voulais une de plus. Alors je mets une note devant ma porte. Le matin, combien de bouteilles de lait il y avait sur le pas de la porte? HUIT!'

Holiday experiences (1) (page 87)

Section 1
'Cette histoire, ça s'est passé à Lausanne, en Suisse, J'étais en famille, en vacances, et on campait. On avait décidé de passer un jour ou deux à Lausanne et on a cherché un camping. Et puis on a trouvé ce camping: je n'avais jamais vu autant de luxe dans un camping de ma vie, c'était superbe. On s'est installés près du lac. On s'est baignés un peu et puis on s'est couchés.'

Section 2
'Tout était calme. Et puis la première chose qui s'est passée, les voisins de gauche, ceux qui campaient à notre gauche, ont commencé à se disputer, et ils se sont insultés pendant au moins une demi-heure. De ces insultes! Je n'avais jamais entendu ça de ma vie! Et puis au beau milieu de leur dispute il y a eu un orage avec du tonnerre et des éclairs, et bien sûr il a commencé à pleuvoir très très fort.'

Section 3
'C'est à ce moment-là que la famille de droite a commencé à faire du bruit. C'étaient des Italiens. Les femmes étaient absolument terrifiées par l'orage. Il faut dire que c'était près du lac, et je ne sais pas si cela avait quelque chose à voir avec le bruit du tonnerre ou quoi, mais elles ont commencé à crier, à pleurer ... c'était pire que la dispute des gens à côté. Le lendemain matin quand on s'est réveillés, c'était très bizarre car les gens de gauche et les gens de droite avaient disparu!'

Holiday experiences (2) (page 88)

Section 1
'Qu'est-ce que tu as fait pendant les vacances?'
'Ben on a été en Normandie, dans un petit camping pas tellement loin du Mont St-Michel.'
'Tu as trouvé l'adresse comment?'
'Euh, par mes parents, je crois.'

Section 2
'Eh c'était bien?'
'Non, c'était abominable.'
'Pourquoi ça? il a plu tout le temps?'
'Non, il a fait assez beau, mais la plage ... il n'y avait pas de sable.'
'Il n'y avait pas de sable?'
'Non. La plage de la ville à côté avait du sable, et de l'autre côté il y avait du sable, mais la nôtre n'avait pas de sable.'
'Décidément tu avais choisi celle où il n'y avait pas de sable!'
'Ah oui, c'était mal choisi, oui, il y avait juste des cailloux et de la boue ....

Section 3
... Si tu connais la baie du Mont St-Michel tu sais qu'il y a de grandes marées, et qu'à marée basse la mer s'en va très loin. Tellement loin qu'on ne la voit plus. Alors on avait le choix: s'asseoir sur les cailloux ou marcher dans la boue.'
'La prochaine fois tu ferais mieux d'aller au bord de la belle Méditerranée, où il n'y a pas de marée.'

Interview with a girl racing driver (page 89)

'Cathy, à quel âge avez-vous conduit pour la première fois?'
'À onze ans ... mais bien sûr j'ai dû attendre d'avoir dix-huit ans pour avoir mon permis.'
'Il y a beaucoup de filles qui font des courses automobiles?'
'Très peu, alors j'ai toujours couru avec des garçons. Au début j'ai eu des problèmes, mais les garçons ont fini par m'accepter et me considérer comme une des leurs.'
'Il faut un entraînement sérieux pour réussir?'
'Ah oui, je consacre tout mon temps libre à l'entraînement. À vingt ans il n'est pas temps de penser à un mari et à des enfants. S'entraîner, c'est dur des fois, mais ça me plaît quand même. D'ailleurs en 1977 j'ai été championne de ligue en karting et en 1978 championne de France.'
'On vous parle souvent sans doute des risques du métier?'
'Oui, souvent. Je sais qu'il y a de grands dangers, mais je fais de mon mieux pour rester en forme et de ne pas faire de bêtises. Quand j'aurai peur, je m'arrêterai.'

The bells (page 90)

Section 1
'Une des régions de la France que j'aime le plus, c'est l'Auvergne. Là, il y a tout pour intéresser le touriste: des montagnes, des forêts, des villes historiques. L'inconvénient, c'est que le temps y est très variable, et même en été il pleut beaucoup.'

'Je m'intéresse au folklore et à l'histoire régionale. Voici un petit récit amusant, raconté un soir par le propriétaire d'un café dans la ville où je passais mes vacances. C'est l'histoire des cloches de Grandval.'

Section 2
'En 1792, trois ans après la Révolution française, l'armée voulait à tout prix augmenter son stock de canons, et a commencé à chercher partout des matériaux pour en fabriquer. Les habitants du village de Grandval, et leurs voisins du village de Laroche-Savine avaient peur pour leurs cloches d'église, qui étaient en bronze. Il ne voulaient pas, bien entendu, malgré leur patriotisme, les sacrifier à l'armée. La cloche de Grandval surtout était un instrument superbe.'

Section 3
'Les villageois ont décidé donc de cacher leurs cloches dans le lac de Grandval, tant que le danger durerait. Au bout de quelques mois, les villageois ont cru bon de récupérer leurs cloches, et, non sans difficulté, les ont remises à leur place dans les églises respectives. En entendant sonner les cloches, cependant, un doute a saisi les habitants de Grandval: le tintement qu'ils entendaient maintenant venant de leur clocher, ressemblait beaucoup à celui qu'ils entendaient auparavant dans le village voisin!'

Topic index

Crime and accidents
Reading
Watch out, there's a thief
    about!   11
Hold-up à Metz   32
Les faits divers   33
Highway robbery   54
Who did it?   58

Listening
An embarrassing incident   80
An unpleasant experience   86

Speaking
Happenings, 2   115

Writing
Fill in the gaps (3), 1   137
Picture essays, 3   159
Continuing a story, f, h   166

Daily life, house and family
Reading
Signs and notices (2), 2   5
Verser le contenu ...   23
Horoscope (1)   29
Horoscope (2)   44

Listening
Explanations!   75
Philippe talks about his home
    in Marseille   76
A misunderstanding   86

Speaking
Half a minute ..., b, c, d, i, j 108

Writing
Fill in the gaps (2), 1   128
Leaving a note   134

Describing people and things
Reading
Objets trouvés   8
Les lots gagnants   10
Pets in distress   52

Listening
French people talk about
    themselves   81

Speaking
Missing!   97
Situations, c   107
Half a minute ..., a   108
Describing a scene, 2   111

Writing
Êtes-vous bon témoin? 1   130

Holidays
Reading
Au 'Bonhomme de Neige'   9
Camping at Villandry   19
La Fête Nationale   20
At a hotel   30
Holiday choices   38
Au camping   46
Au château   50

Listening
Where to camp (1)   66
A holiday remembered   68
Holiday plans   71
Un bulletin météo   72
Booking by phone   74
Where to camp (2)   80
Where to camp (3)   83
Holiday experiences (1)   87
Holiday experiences (2)   88

Speaking
Situations, a, b, c   107
À l'auberge de jeunesse   120
À l'hôtel   122

Writing
Market research   125
Fill in the gaps (2), 4, 5   128
Writing a card (1)   135
Writing a card (2)   136
Writing letters, 1, 6, 9,
    10, 11   149
Picture essays, 4, 5, 6, 8, 9   160

School
Reading
Racket au collège   12
Does he love me?   22

Listening
Jean-Marie remembers his
    schooldays (1)   71
Colette talks with her father
    about her day at school   75

Jean-Marie remembers his
    schooldays (2)   76

Speaking
Rôle-playing (1), a   93
Half a minute ..., f   108
Happenings, 1   114

Writing
Fill in the gaps (3), 2   137
Writing letters, 8   152
Continuing a story, d   166

Shopping and eating out
Reading
Signs and notices (1), d   3
Signs and notices (3), 1   13
Advertisements   36

Speaking
Rôle-playing (1), e   94
Rôle-playing (2), b   95
Au café   102
Au marché   104
On achète des glaces   105
Describing a scene, 1   110

Writing
Faites-nous vos
    remarques   127
Êtes-vous bon témoin? 4   132
Answering questions, 7   145

Sport and entertainments
Reading
Signs and notices (2), 3   6
Signs and notices (3), 2   14
A day out   18
What's on?   26
Au cinéma   56

Listening
Football results   77
Announcements (2)   84
Interview with a girl racing
    driver   89

Speaking
On va au concert?   98
Describing a scene, 4   113

Writing
Joining a club   124
Fill in the gaps (1)   126
Fill in the gaps (2), 2, 3   128
Picture essays, 2, 7   158

Towns
Reading
Signs and notices (1), b, c   3
Signs and notices (2), 1, 4   4
Pique-nique interdit?   28
Violent orage sur la ville   49

Listening
Understanding directions
    (1)   65

Speaking
Rôle-playing (1), b   93
Rôle-playing (2), a, c, d   95
Half a minute ..., e   108
Describing a scene, 3   112
À Nîmes   118

Writing
Êtes-vous bon témoin? 2, 3,
    5, 6   130
Answering questions, 3, 5,
    6   139

Transport
Reading
Signs and notices (1), a, e–h   3
Histoire d'en rire   8
Road safety   42
Motorway delays   48

Listening
Understanding directions
    (2)   66
Traffic information   67
Announcements (1)   68
Phone messages   73

Speaking
Rôle-playing (1), c, d, f   93
Horaire   116

Writing
Answering questions, 1, 2,
    4   139